L'ALGÉRIE

POUR

LES ALGÉRIENS

Imprimerie Renou et Maulde, rue de Rivoli, 144.

L'ALGÉRIE

POUR

LES ALGÉRIENS

PAR

GEORGES VOISIN

PARIS

MICHEL LÉVY FRÈRES, LIBRAIRES-ÉDITEURS

RUE VIVIENNE, 2 BIS.

1861

Nous ne pouvons mieux faire que de placer ce travail sous le patronage du discours prononcé à Alger par S. M. l'Empereur, le 19 septembre 1860 :

Ma première pensée, en mettant le pied sur le sol africain, se porte vers l'armée dont le courage et la persévérance ont accompli la conquête de ce vaste territoire.

Mais le Dieu des armées n'envoie aux peuples le fléau de la guerre que comme châtiment ou comme rédemption. Dans nos mains, la conquête ne peut être qu'une rédemption, et notre premier devoir est de nous occuper du bonheur des trois millions d'Arabes que le sort des armes a fait passer sous notre domination.

La Providence nous a appelés à répandre sur cette terre les bienfaits de la civilisation. Or, qu'est-ce que la civilisation? C'est de compter le bien-être pour quelque chose, la vie de l'homme pour beaucoup, son perfectionnement moral pour le plus grand bien. Ainsi, élever les Arabes à la dignité d'hommes libres, répandre sur eux l'instruction, tout en respectant leur religion, améliorer leur existence en faisant sortir de cette terre tous les trésors que la **Providence** y a enfouis et qu'un mauvais gouvernement laisserait stériles, telle est notre mission : nous n'y faillirons pas.

Quant à ces hardis colons qui sont venus implanter en Algérie le drapeau de la France et, avec lui, tous les arts d'un peuple civilisé, ai-je besoin de dire que la protection de la métropole ne leur manquera jamais? Les institutions que je leur ai données leur font déjà retrouver ici leur patrie tout entière, et, en persévérant dans cette voie, nous devons espérer que leur exemple sera suivi et que de nouvelles populations viendront se fixer sur ce sol à jamais français.

La paix européenne permettra à la France de se montrer plus généreuse encore envers les colonies, et, si j'ai traversé la mer pour rester quelques instants parmi vous, c'est pour y laisser comme traces de mon passage la confiance dans l'avenir et une foi entière dans les destinées de la France, dont les efforts pour le bien de l'humanité sont toujours bénis par la **Providence**. Je porte un toast à la prospérité de l'Afrique !

AVANT-PROPOS

CONVERSION DES MUSULMANS DE L'ALGÉRIE A LA CIVILISATION.

Les événements survenus en Syrie ont soulevé l'indignation dans toute l'Europe. En présence du sang répandu, au récit des actes de férocité commis sur un si grand nombre de points, la pitié n'a pas attendu pour pousser son cri de réprobation qu'on recherchât les causes de ces massacres. Mais l'émotion publique s'était à peine manifestée, qu'on a vu se lever les docteurs qui se sont donné mission de régenter les rois, les peuples et les dieux eux-mêmes. Le sultan et son gouvernement, les Turcs, les Druses, Mahomet, son Koran et son Dieu, ont été cités à comparaître. Ce n'étaient que réquisitoires, objurgations, anathèmes, condamnations, arrêts de mort! Que n'a-t-on pas imprimé sur le fanatisme des musulmans, sur leur fatalisme, qui les voue à l'immobilité, sur les excitations sanguinaires du Koran, sur l'immense conspiration ourdie dans tout l'Islam contre les chrétiens! La grande agrégation de races et de peuples divers qui suivent l'islamisme comme loi religieuse a été dénoncée au dédain, au mépris et à la haine, déclarée rebelle au progrès et destinée à être refoulée en Asie, loin du foyer de la civilisation. Ceux qui ont lu les innombrables articles de journaux, les brochures et les livres inspirés par les massacres du Liban et de Damas, savent que nous n'exagérons rien en indiquant ce déchaînement des docteurs contre l'islamisme et l'Orient.

Cette levée de boucliers si furieuse, cette guerre sainte de la plume contre les infidèles, n'ont rien en soi de bien redoutable. Le monde, quoi qu'en pensent les nouveaux croisés, ne se gouverne pas avec des mots et par des surprises. On a bien pu exploiter au profit de certaines intrigues l'indignation excitée à la première nouvelle des événements; on a pu pour un temps fausser l'opinion publique sur la véritable situation des choses dans le Liban; mais laissez que reviennent nos soldats de Syrie, et la vérité éclatera sanctionnée par ces milliers de témoignages sin-

cères, désintéressés. Là où quelques voyageurs prévenus ou trompés peuvent se méprendre sur l'origine
et la cause des événements, sur le rôle des acteurs,
la légion, la masse animée de l'esprit de la France,
ne manquera pas de faire triompher l'équité. La part
sera faite aux victimes et aux bourreaux, et on laissera en dehors de la question ceux qui n'ont rien à y
voir, sans qu'il soit besoin de remonter au déluge, ni
même à Mahomet et à son Koran.

Si les déclamations n'ont pas eu et ne peuvent pas
avoir de fâcheux effets pour la Syrie, parce que l'intérêt
général des puissances européennes tient en échec
les fanatismes de toutes les couleurs, il n'en serait
peut-être pas de même pour l'Algérie, terre déclarée
française depuis 1844, et où habitent trois millions
de musulmans français. On pourrait vouloir appliquer à nos musulmans algériens ce qu'on dit de
ceux de la Syrie. C'est la même religion, la même
organisation sociale ; les critiques, les injures, les
menaces s'adressent aux uns comme aux autres. Est-
ce là une crainte chimérique ? Non, car déjà les brochures rattachent les confréries religieuses (khouans)
de l'Algérie à l'immense conspiration du fanatisme musulman dont la Mekke est le centre ; déjà
on reproche au gouvernement français d'avoir traité
les indigènes avec trop de douceur, et on propose de
remplacer cette population perverse par des Ma-

ronites qu'on importerait du Liban (1). En Algérie aussi, nous avons des docteurs qui parlent de haines irréconciliables entre les Français et les indigènes, de progrès impossible, de guerre sainte et d'insurrections éternelles.

Nous admettons que la plupart de ces docteurs ne se rendent pas compte du but où tendent leurs discours; ils marchent aux abîmes sans songer à mal; mais il y en a de plus habiles qui savent ce qu'ils font : ils veulent, les uns, le refoulement des Arabes dans le désert pour prendre leurs terres; les autres, la conversion ou l'extermination des infidèles.

En Syrie, les musulmans ne lisent ni les brochures, ni les journaux; ils ne s'émeuvent ni des injures, ni des faits controuvés; on peut les charger de toutes les iniquités de l'ancien Israël : on ne court pas le risque d'aggraver la position des chrétiens en excitant les mauvaises passions de leurs oppresseurs. Pour l'Algérie, la chose est tout autre. Si les exagérations ont prise sur l'opinion publique, on peut fausser et envenimer les rapports entre les Européens et les

(1) *Sauvons les Maronites par l'Algérie et pour l'Algérie*, brochure in-8 à pages publiée à Alger.

Lettre à S. M. l'Empereur Napoléon III. L'auteur croit impossible la fusion entre les Européens et les indigènes et attribue aux erreurs qui sont résultées d'un pareil plan, la situation fausse dans laquelle se trouve la colonie. Publiée à Alger.

musulmans. Quand manque l'estime, la bonne harmonie existera-t-elle? Lorsqu'au lieu d'atténuer les motifs d'antipathie toujours trop nombreux entre les vaincus et le conquérant, on fournit à la haine des aliments nouveaux, c'est le meurtre, la révolte, la guerre qu'on prépare. Au milieu de ces populations énergiques et brutales, dévouées à leurs croyances et à leurs mœurs, chez lesquelles l'amour de l'indépendance s'allie à un farouche orgueil, le sang est facile à répandre. Les discussions maladroites et injustes sont un acheminement aux insurrections, aux vengeances, aux combats; nos soldats payent alors au prix de fatigues, de privations, de leur vie peut-être, les erreurs de malencontreux déclamateurs. Ces conséquences possibles méritent qu'on y réfléchisse.

Mais n'y a-t-il rien à répondre à l'accusation d'indignité et de barbarie irrémédiables portée contre nos musulmans algériens? Oui, certes, ces détestables doctrines ne sont pas irréfutables : aux paroles on peut opposer des faits. Le monde marche, le mouvement est lent; il devient facilement insensible pour ceux qui, cherchant exclusivement en arrière le point fixe pour juger du progrès accompli, n'apprécient pas les modifications produites incessamment. Celui qui observe le cœur obscurci par la haine, l'esprit excité à trouver des justifications à ses défiances et à ses répulsions, passera à côté de la vérité sans la voir; si, par hasard, il la rencontre une fois, il en tirera des conséquences extrêmes, violentes, injustes. Mais dire la vérité, est-ce assez? Non, il faut encore rendre la vérité utile au bien.

C'est avec cette préoccupation de démontrer qu'il n'y a rien d'irréconciliable entre les indigènes musulmans de l'Algérie et les Français que nous avons entrepris cette étude. Nous allons interroger la situation des populations algériennes, non dans la pensée de remuer les passions hostiles, de perpétuer les rancunes, mais pour faciliter le rapprochement, pour faire que les barrières s'abaissent. Nous ne cachons pas que nous sommes sympathique aux musulmans algériens, et que nous croyons qu'il est plus profitable à la France de faire aimer et estimer le peuple conquis que de le montrer odieux et à tout jamais ennemi. Moins nous l'estimerons, plus il aura de son côté de difficulté à connaître et à aimer la France. Nous ne nous occuperons pas de la question religieuse : elle aurait une importance capitale dans un État catholique exclusif et absolutiste ; mais sous l'empire d'une constitution politique qui consacre la liberté de conscience, nous avons à nous inquiéter du citoyen et non du croyant. Il ne s'agit pas de savoir si les musulmans deviendront un jour des chrétiens : au point de vue politique, c'est là une question oiseuse que nous n'avons pas même le droit de soulever; nous voulons seulement établir qu'il n'est pas impossible d'en faire des Français.

Ces observations préliminaires exposées, abordons plus directement notre sujet. Le musulman est-il perfectible ? Singulière question ! Si le progrès est la loi de l'humanité, peut-on prétendre qu'une race, un peuple, une agglomération d'êtres vivants, soient placés par leurs croyances en dehors des conditions de la loi générale ? Apparemment les belles théories de la philosophie moderne ne sont pas applicables seulement aux Français, aux Européens, aux chrétiens. Les Arabes, les Orientaux, les musulmans doivent être soumis à la même loi; comme nous, ils sont perfectibles et ils progressent. Cela est incontestable.

Peut-être, avant d'aller plus loin, faudrait-il s'entendre sur la signification qu'on donne au mot *progrès*. Pour nous, nous n'attachons à cette expression que l'idée d'un mouvement en avant, indépendant, *à priori*, du point dont on est parti et du but vers lequel on tend; car il est évident que chaque race, chaque peuple, chaque homme pour ainsi dire, part d'un point qui lui est spécial et va vers un but spécial aussi à son individualité. L'unité absolue n'est pas plus dans l'avenir que dans le passé pour l'humanité; elle s'avance par groupes distincts au milieu desquels les personnalités n'apparaissent que comme une foule confuse. Bientôt les voyageurs (qu'on nous permette ce mot, puisqu'il s'agit d'un mouvement en avant) se réunissent par familles; ici les familles se constituent en tribus, là en cités. La confédération naît de l'association de plusieurs tribus entre elles ; les cités se lient les unes aux autres et forment des États. Ces diverses évolutions ont lieu tantôt par races distinctes, tantôt par le mélange d'éléments d'origine différente. La religion, la politique, le commerce, la guerre, mais la religion surtout, donnent le mot de ralliement au nom duquel s'organisent des groupes plus ou moins considérables. Pour chaque individu, pour chaque groupe, avons-nous dit, il y a un point de départ et un but particuliers. Le but général se déterminera par la résultante des efforts et des aspirations de chacun et de tous, de même que, pour retrouver le point de départ commun, il faudra consulter les traditions et les souvenirs de chacun et de tous.

Si l'expression ne trahit pas notre pensée, nous croyons avoir indiqué que, pour nous, l'idée de progrès implique la multiplicité en même temps que l'unité dans les destinées humaines. Il ne s'agit pas d'une espèce de lit de Procuste sur lequel on coucherait successivement les nations, afin d'arriver à une uniformité générale pour toutes, avec la même religion, les mêmes lois, les mêmes mœurs et les mêmes habitudes. Non, le rêve des monarchies et des religions universelles n'est plus de notre temps : association, telle est la formule nouvelle qui fait la part de la liberté et de l'autorité, de l'individu et de la collectivité. Tolérance les uns pour les autres, détermination du terrain commun pour les intérêts, mais liberté absolue réservée pour l'individualité, qu'elle se formule sous le nom d'homme, de peuple ou de croyant.

Ainsi donc aucune nation, aucune religion ne peut avoir l'orgueil de se poser comme le modèle et le type du progrès; personne ne peut dire : Ma loi politique, mon organisation sociale, mes mœurs, représentent pour l'humanité la dernière expression du progrès; tous ceux qui ne prennent pas exemple sur moi et qui ne marchent pas avec moi sont condamnés à l'erreur, à la barbarie, à l'immobilité. Hors de l'Église, point de salut, est une vieille parole qui n'a pas plus de sens en politique qu'au point de vue religieux. Cela est vrai surtout pour le Français, qui a déserté les théories et les sentiments exclusifs, qui se fait, comme l'Apôtre, *tout à tous*, s'assimilant aux milieux dans lesquels il vit, ingénieux à se concilier les cœurs par sa bienveillance sympathique, plus empressé à s'approprier ce qu'il voit de bon chez les autres que soucieux d'imposer autour de lui ses idées et ses habitudes. Et pourtant quelle personnalité plus accusée et plus vivace que celle du Français?

Le progrès, dans le sens le plus général, doit être considéré comme le développement des facultés morales, physiques et intellectuelles d'une race, d'un peuple ou d'un individu vers un idéal déterminé par les circonstances spéciales qui dominent l'existence de chacun. Il est évident que les traits principaux de cet idéal seront les mêmes pour tous ; certains grands principes seront communs, mais les diverses physionomies ne seront pas absorbées dans une monotone uniformité : elles constitueront une multiplicité harmonique. Le progrès ne pourra pas avoir les mêmes formes et les mêmes aspects pour l'Arabe que pour le Français, pour le musulman que pour le chrétien.

Si on reconnait la justesse de ces considérations, lorsqu'on voudra constater les progrès faits par les musulmans, on aura soin de ne pas se placer sur le terrain français, mais on examinera leur situation d'après le milieu spécial créé par leurs croyances, par le climat qu'ils habitent, par les conditions de leur vie sociale et politique. Pour apprécier le mouvement de leur marche en avant, nous irons au milieu d'eux, nous les comparerons à eux-mêmes, leur jour présent à leur jour passé. Si nous les transportions subitement dans un autre milieu social pour les mettre en parallèle avec un Français, avec un chrétien, une confusion funeste se produirait dans notre esprit; le mouvement de leur vie nous échapperait, et nous tomberions dans l'injustice en leur assignant un avenir identique au nôtre.

Tout homme est perfectible. Le musulman est perfectible, mais la perfection pour lui ne sera pas poursuivie par les mêmes voies que pour nous. Afin de constater le progrès réalisé, nous nous placerons au point de vue qui lui est particulier. Ce n'est pas assez. Il ne faut pas prendre pour sujet de nos observations un individu ou une classe de la société, tel ou tel détail de la vie politique, sociale ou religieuse; nous devons d'abord voir l'ensemble, étudier les masses, leurs tendances et leurs dispositions. Nous descendrons plus tard aux détails, avec la patience et la sagacité que cette étude réclame. Souvent le progrès n'est pas apparent dans un individu qui n'en a pas lui-même conscience; le vieil homme se croit encore entièrement fidèle à ses traditions, à ses croyances, et cependant l'observateur attentif, en considérant la vie générale, aperçoit la marque certaine que le mouvement existe, que les transformations s'accomplissent.

En empruntant une image aux sciences naturelles, on pourrait dire que le progrès se manifeste tantôt par intus-susception, tantôt par juxta-position. Dans le premier cas, le travail se fait dans l'ensemble des

masses au profit de l'être collectif. Ainsi les adversaires du progrès s'écrient : L'homme vit-il aujour-
d'hui plus longtemps que du temps des patriarches ?
Est-il plus fort ? A-t-il le sentiment des arts plus développé que du temps de la gloire de la Grèce? Non,
si vous interrogez l'homme isolé; oui, si vous ob-
servez l'être collectif, car le nombre de vies courtes
ou avortées a diminué. Si le chiffre des très-forts ne
s'est pas accru, celui des très-faibles s'est amoindri
considérablement ; les jouissances que procurent les
arts se sont étendues et ont pris plus d'empire ; le
progrès a agi par intus-susception. Dans le second
cas, l'individu profite directement; sa vie s'agrandit
au moyen de conquêtes d'une constatation aisée : telles
sont les améliorations matérielles de l'existence, les
inventions nouvelles, les créations de la science; il y
a juxta-position.

Il faut également ne pas perdre de vue, dans nos
investigations, un élément inévitable : nous voulons
parler de la résistance que le progrès doit toujours
rencontrer. Dans toute masse qui vit, il y a un parti
pour le progrès et un parti pour le *statu quo*. Cette
résistance est providentielle, pour que l'impatience
du bien ne dégénère pas en désordre et n'amène pas
la dissolution du groupe social. C'est l'attachement
acharné aux choses du passé qui incite à la recherche
des transactions et des tempéraments, qui force le

mouvement à devenir pratique, et à compter, dans la limite du juste et du possible, avec tous les intérêts. Lorsque nous voulons constater le progrès accompli, ne regardons pas seulement du côté de la résistance; mais aussi n'oublions pas, lorsque nous louerons les succès obtenus, cet élément indispensable de tout mouvement réglé et durable.

Une autre observation est nécessaire avant d'entrer dans l'examen des faits. Le progrès, le mouvement en avant, impliquent toujours la présence d'un initiateur, d'un moniteur, qui appelle, qui montre le chemin, qui enseigne par l'exemple. Tout le monde admettra qu'en Algérie le rôle d'initié appartient aux indigènes, et la mission d'initiateur à la France. Lorsque le progrès ne se développe pas avec la rapidité que nous désirerions, ne faudrait-il pas, pour rester équitables, examiner consciencieusement si la faute n'en est pas autant à l'initiateur qu'à l'initié? Peut-être celui-ci craint-il d'être absorbé par son moniteur; peut-être l'initiateur enseigne-t-il mal et ne tient-il pas assez compte du besoin que sent tout homme de lier son présent à son passé pour avoir confiance dans l'avenir. L'indigène serait en droit de nous dire : « Vous voulez me rendre semblable à vous, me faire « renoncer à moi-même en reniant mes pères, en « renouvelant du jour au lendemain mes croyances, « mes habitudes, mon caractère. Non, je ne vous

« suivrai pas dans cette voie. Je veux bien vous res-
« sembler comme un disciple ressemble à son maître,
« mais je veux rester moi ; je veux garder mon passé
« et ne pas sortir violemment de ma vie. Quoique
« partis de points différents, nous pouvons nous
« rencontrer dans un avenir commun, sans que vous
« m'absorbiez en vous. » En présence de cette hésitation des indigènes à changer subitement leurs
mœurs et leurs croyances, celui qui penserait qu'ils
sont réfractaires à la civilisation ne serait pas plus
dans la vérité et la justice que celui qui prétendrait
que les Français sont des initiateurs inhabiles, parce
que les indigènes ne veulent pas, du premier coup,
adopter notre civilisation. Soyons patients, soyons
modestes : si l'infatuation vient se heurter contre
l'orgueil, rien de bon ne sortira du choc.

Nous avons développé ces prolégomènes beaucoup
plus que nous ne l'aurions voulu. Cet entraînement
nous impose l'obligation de nous résumer succinctement, afin de bien faire comprendre l'esprit qui préside
à notre travail. Tout peuple est perfectible, à la condition de chercher le progrès dans la ligne de son développement normal, à la condition de lier pour lui
le passé au présent et à l'avenir. Le progrès est une
évolution et non une révolution. Pour constater le
chemin parcouru, nous ne nous adresserons pas seulement aux individus, nous interrogerons aussi les

masses, la vie publique, l'esprit général qui anime les individus, souvent à leur insu. Pour juger si le mouvement en avant est commencé, nous ne nous placerons pas auprès du but vers lequel nous voulons faire arriver les indigènes, nous nous rapprocherons, au contraire, le plus possible du point où ils étaient avant notre prise de possession de l'Algérie; nous ferons la part de la résistance naturelle qui protége l'initié contre l'absorption de l'initiateur; enfin, pour être équitables, quand nous découvrirons que peu de chemin a été parcouru, nous nous demanderons, modestement, si la responsabilité ne doit pas peser aussi sur l'initiateur. Les accusateurs ne manquent pas pour reprocher les fautes commises par la France en Algérie; en même temps on déclare qu'il faut désespérer de la civilisation des indigènes. Condamner à la fois le maître et le disciple, c'est vraiment trop. S'il y a à blâmer des deux côtés, il doit y avoir aussi certainement à louer en quelque chose l'initié et l'initiateur. Remontons jusqu'à la source de l'espérance et de la justice.

CHAPITRE PREMIER

ORGANISATION SOCIALE.

Formation politique de la population depuis la conquête arabe. — Éléments de la société musulmane. — Résultat de la conquête française : séparation du spirituel et du temporel. — Progrès dans l'instruction publique.— La justice.— Décrets des 1er octobre 1854 et 31 décembre 1859. — Les cultes. — L'état civil.

Notre attention doit se porter d'abord sur l'organisation sociale. Afin de nous rendre compte de la situation, retraçons d'une manière sommaire comment a été constituée la population qui habitait l'Afrique septentrionale au moment de la conquête.

La première apparition des Arabes dans le nord de l'Afrique date du septième siècle. On les vit arriver de l'Égypte, déjà conquise, en grandes masses de cavalerie que l'ardeur de la foi et l'amour du butin poussaient en avant. La majorité de ces guerriers apôtres n'avaient pas renoncé à l'espoir de retourner

dans la péninsule arabique, où ils avaient laissé leurs
familles. Ils trouvèrent le pays gouverné et protégé
par les Byzantins ; les troupes qu'ils eurent à combattre se composaient, soit de soldats grecs réguliers,
soit de levées faites parmi les colonies européennes.
Ces armées furent taillées en pièces ; les Arabes firent
irruption dans les villes et dans les provinces les plus
riches. Leur mission était de propager l'islamisme,
leur convoitise de ramasser du butin et d'emmener
des prisonniers. On ne songeait pas encore à organiser le pays conquis et à l'annexer à l'empire musulman. Butin et prisonniers étaient emmenés vers
les contrées d'où l'expédition était partie, parce qu'ils
ne pouvaient être partagés entre les capteurs et l'État
qu'en terre musulmane. Les villes et les districts qui
se soumettaient payaient des contributions de guerre
et conservaient leurs magistrats municipaux.

Bientôt, l'empire arabe s'étant étendu vers l'ouest,
les expéditions partirent de Barca et retournèrent dans
cette ville de l'ancienne Pentopole pour le partage
du butin. Ce n'est que vingt ans après la première
incursion que les Arabes prirent possession définitive
de toute la Tripolitaine.

A mesure que les conquérants s'avancèrent vers le
couchant, ils rencontrèrent des populations barbares
moins mélangées avec les éléments implantés en
Afrique par les invasions successives des Romains,

des Vandales et des Byzantins. La lutte devint plus rude ; les premiers essais d'organisation politique de la conquête datent de cette époque ; ils sont dus à Okba, puis à Naman. Les Berbères habitant les contrées ouvertes avaient embrassé depuis longtemps les différentes hérésies qui s'étaient produites en Afrique (donatistes, ariens, circoncellions, etc.), afin de protester à la faveur des troubles contre le joug romain, vandale ou grec. Ils adoptèrent sans difficulté l'islamisme, par suite de leur penchant aux hérésies, et peut-être aussi pour trouver auprès des nouveaux conquérants un appui contre l'ordre politique fondé par les anciens dominateurs. Quant aux indigènes éloignés des centres de commandement, les uns suivaient la religion juive (monts Aurès) ; les autres étaient encore plongés dans l'idolâtrie (Maroc central) ; un petit nombre seulement s'était plus ou moins rapproché des diverses sectes chrétiennes.

Au moment de cette conquête militaire et religieuse, la race berbère, répandue dans les régions qui ont formé l'Algérie actuelle au seizième siècle, était divisée en quatre groupes principaux : Senahdja, Masmouda, Ghoumera et Zenata. Sa conversion à l'islamisme ne fut pas, comme on l'a dit, très-sincère, et elle apostasia la religion nouvelle jusqu'à douze fois, saisissant toutes les occasions, même l'apparition des hérésies musulmanes, pour tenter de recouvrer son indépendance. Comme sous les Romains et sous les Byzantins, l'ouest se montra plus rebelle à l'obéissance. Cet état d'anarchie se prolongea jusqu'à l'invasion de l'Espagne. Les généraux arabes se hâtèrent alors de faire passer le détroit à des bandes considérables de Berbères qui, trouvant un théâtre nouveau à leur turbulence, admis aux bénéfices de la victoire, sentirent leur foi s'affermir et laissèrent un peu de repos à l'Afrique.

Cependant les tribus indigènes n'acceptèrent jamais entièrement la domination des musulmans orientaux. Dans les querelles qui éclataient entre les conquérants, — *Ommiades, Abassides, Fathimites,* — elles prenaient parti tantôt pour les uns, tantôt pour les autres. Quelques grandes familles berbères arrivèrent ainsi à une haute position ; on les vit bientôt, s'appuyant sur une réforme religieuse, fonder des dynasties qui régnèrent sur l'Afrique entière. C'est sous la domination des princes berbères zirites qu'eut lieu non plus la conquête militaire, mais la véritable invasion de l'Afrique par les Arabes. Voici à quelle occasion. Le khalife fathimite régnant au Caire, voulant se venger des gouverneurs berbères qui, après son départ, s'étaient rendus indépendants de son autorité, excita des tribus arabes, chassées de l'Yemen par la famine et campées dans la Haute-Égypte, à faire irruption dans l'Afrique septentionale.

Ces tribus, au nombre de près d'un million d'âmes, menant avec elles les femmes, les enfants, les troupeaux, envahirent le pays sans espoir de retour, et portèrent sur leur passage la ruine et la désolation. La population berbère, refoulée par ce torrent, chercha un refuge dans les villes fermées, dans les montagnes où les chameaux ne pouvaient pénétrer; elle marchait vers son principal berceau, l'ouest, débordant dans le sud. Ce fut un cataclysme social pour le nord de l'Afrique.

Cependant, les envahisseurs n'ayant aucune organisation politique, ni un chef pour les diriger, la race berbère ne tarda pas à regagner la prépondérance.

C'est après ces événements, qui s'étaient produits dans le xi⁰ siècle de notre ère, peu avant les croisades, que sortirent du Maroc pour régner sur toute l'Afrique musulmane les dynasties berbères des Almoravides et des Almohades. Cette fois, le mouvement de conquête marcha de l'ouest à l'est; il avait écrit sur son drapeau : *Retour vers l'islamisme primitif.* Mais les Berbères le secondèrent comme une réhabilitation et une revanche contre la première conquête. Les tribus arabes, disséminées dans le pays, ne purent lutter sérieusement. Eloignées des villes, elles purent, tout en se soumettant, conserver quelque liberté et jouer un rôle lorsque les dynasties berbères morcelées se disputaient le pouvoir.

Au XVIᵉ siècle, le Turc Aroudj et son frère Kheir-
Eddin apparurent. Le nord de l'Afrique était en proie
à de violentes dissensions: à l'est, la famille des
Hafsides, divisée, s'arrachait une autorité plus nomi-
nale que réelle ; les provinces de Tunis, de Constantine et de Bougie, tiraillées en sens divers par les
prétendants, étaient continuellement en révolte. Les
dépendances de l'ancien royaume des Beni-Zian, à
l'est de Tlemcen, avaient secoué le joug depuis Mos-
taganem jusqu'à Alger. Dans l'ouest, les Beni-Merin,
fractionnés en petites souverainetés, ne pouvaient
dominer les troubles qui divisaient la population
berbère. De la frontière de l'Égypte jusqu'à l'Océan,
nulle part on ne rencontrait une autorité vigoureuse,
une société calme et assise. Les côtes avaient été
attaquées par les puissances chrétiennes. Les Portugais étaient maîtres de Ceuta, d'Arzilla, de Tanger,
d'Azemmour, de Safi et de toute la province de
Dekhala dans le Maroc ; les Espagnols occupaient le
pennon de Vilez, Mellila, Mers-el-Kebir, Oran, le
pennon d'Alger, Bougie et le fort de la Goulette devant Tunis ; les Génois s'étaient établis à Djidjelli.
Cette situation explique le facile triomphe des Turcs
qui se présentèrent pour aider les indigènes à chasser
les chrétiens du littoral et s'emparèrent du pouvoir
par trahison.

La domination turque a duré plus de trois siècles; elle a laissé cependant peu de traces dans le pays. La marche du temps a certainement effacé quelques unes des causes d'antagonisme qui divisaient les Arabes et les Berbères ; mais elle n'a pas pu, sans le secours d'un gouvernement intelligent et dévoué, former une nation des débris de tant de races diverses. Les solitudes incultes du Sahara et les âpres montagnes du littoral ont préservé des fractions des tribus berbères du régime oppressif et dissolvant des Turcs ; mais les habitants des plaines, des plateaux et des vallées ouvertes ont subi tous les malheurs de la plus dure tyrannie. Les traditions nationales, les souvenirs de l'autonomie se sont perdus ; une seule chose resta commune : la foi. Les Turcs n'ont été que campés en Algérie, comme dans tous les pays où ils ont 'établi leur puissance. Ils semblaient avoir pris le pays à ferme, dans le seul but d'en tirer des impôts; ils nouaient peu de relations avec les indigènes. Aussi peut-on dire qu'en 1830 il nous suffit de quelques navires pour ramener en Orient tout le personnel de la domination turque.

La victoire nous donna, à notre tour, la possession de l'Algérie ; les races qui avaient joué un rôle dans l'histoire du pays se trouvaient groupées de la manière suivante : Dans le sud, principalement vers l'est et dans la partie centrale comprise entre Mos-

taganem et Alger, étaient les Arabes; sur le plateau
central, se développant de la frontière de Tunis aux
montagnes de l'Ouennougha et dans les vallées les
plus ouvertes, étaient les Berbères les plus arabisés:
dans l'extrême sud, principalement vers l'ouest et
dans les chaînes de montagnes, les Berbères qui
s'étaient le moins laissé entamer par les Arabes et
par les Turcs. La Kabylie du Djurdjura était encore
un foyer d'indépendance berbère à peu près inviolé.
Les descendants des familles indigènes qui avaient
exercé une autorité souveraine sur un territoire plus
ou moins étendu formaient la noblesse militaire,
comprenant aussi quelques illustres familles arabes.
La noblesse religieuse se partageait en deux fractions:
l'une venait de l'est et se rattachait à l'origine arabe;
l'autre, issue de l'ouest, était berbère. Les nobles militaires commandaient à des tribus composées en
grande partie sans doute d'anciens sujets ou clients,
qui leur formaient une sorte de clan. La noblesse
religieuse groupait autour d'elle des serviteurs
(khoudam) que son caractère sacré protégeait. L'influence des uns et des autres était héréditaire. Le
plus souvent les familles étaient partagées en deux
branches, et toute l'action gouvernementale des
Turcs avait consisté à appuyer tantôt l'une, tantôt
l'autre, afin de faire admettre à toutes deux plus ou
moins formellement leur souveraineté.

Les Berbères des pays ouverts sont surtout adonnés à la grande culture, à l'élève des bestiaux; ceux des montagnes, à la petite culture et à l'industrie. Les Arabes sont nomades, commerçants; ils ont des troupeaux de moutons et de chameaux.

Ce résumé fera comprendre avec quelle réserve il faut étudier les populations indigènes pour ne pas se tromper sur ce qu'elles peuvent supporter d'innovations et sur ce qu'on peut attendre d'elles. Le système ne doit pas être le même pour des races qui ont des aptitudes si tranchées; elles n'arriveront pas toutes par le même chemin à cet avenir commun que nous leur préparons. On remarquera que le degré de ferveur religieuse tient plus au genre de vie qu'à la race; les Berbères de l'ouest sont beaucoup plus fanatiques que les Arabes, le paysan que le voyageur, l'habitant des pays ouverts que le montagnard. Celui-ci connaît la propriété individuelle, il a des intérêts fixés au sol; celui-là, au contraire, n'a que sa foi qui soit bien à lui. Chacun se bat pour ce qu'il aime le plus.

On est tout de suite frappé des différences profondes qui existent entre l'état social des indigènes et celui des peuples européens. En voyant combien des éléments essentiels sur lesquels reposent les sociétés chrétiennes manquent à cette société rudimentaire, on se demande comment les musulmans ont pu autrefois atteindre à un état de civilisation si avancé, et

comment l'Afrique, après une décadence de plusieurs
siècles, n'est pas retombée dans la barbarie. Recher-
chons, pour bien comprendre le présent, comment la
société musulmane s'est constituée.

Le gouvernement théocratique est la forme sous
laquelle les nations musulmanes sont arrivées à la
vie politique. Le chef de l'Islam, le commandeur des
croyants, réunissait tous les pouvoirs: il était en même
temps le souverain de l'État, le grand juge chargé de
l'interprétation et de l'application des prescriptions
du Koran; il était pontife, magistrat, autorité administrative et exécutive; son pouvoir était absolu, et cependant il ne le tenait que de l'acclamation publique.
Les premiers successeurs du prophète furent nommés
khalifes comme les tribus du nord de l'Europe accla-
maient leurs rois. La notoriété signalait le plus digne,
et tous lui obéissaient. Le Koran était le guide suprême
pour les croyances aussi bien que pour les lois et la
politique. Le spirituel et le temporel étaient confondus.

Le développement des conquêtes ne tarda pas à
modifier cet état de choses. La nécessité de déléguer
une partie de l'autorité souveraine pour gouverner
des possessions lointaines amena, dans une certaine
mesure, la séparation des pouvoirs. La justice et le
culte furent détachés et pourvus de fonctionnaires particuliers; la guerre, l'administration, furent plus spé-

cialement les attributions du représentant de l'émir
des croyants. Cependant cette distinction entre les
divers éléments de la puissance gouvernementale,
réalisée par la force des choses, n'eut jamais la valeur
d'une institution politique. Sur tous les territoires
conquis par l'islamisme, le chef politique conserva un
caractère autocratique. Cette réunion de pouvoirs
dans une même main trouvait sa consécration dans
le Koran.

Si le corps des ouléma (savants, koranistes), sans
existence légale, sans constitution régulière, formait
une sorte de corporation plus exclusivement vouée aux
fonctions judiciaires et religieuses, il ne constituait
pas, à proprement parler, un pouvoir dans l'État. Le
khalife, le bey, l'émir ou leurs lieutenants avaient le
droit de nomination et de révocation pour le personnel de la justice, sans s'astreindre à aucune règle particulière, sans s'arrêter aux aptitudes spéciales. Ils
abandonnaient aux magistrats la connaissance des
causes religieuses et civiles; mais ils pouvaient les
retenir, les évoquer et les trancher, avec la seule obligation de se conformer aux croyances et aux traditions
nationales. Quant aux délits qui intéressaient la sûreté
générale et l'ordre public, ils étaient toujours jugés
par le chef politique ou son représentant.

Ainsi les justiciables relevaient de deux ordres de
tribunaux. La juridiction du kadhi — *le chéria* — em-

brassait les causes civiles, commerciales, les faits relatifs à la foi et aux observances du culte ; la juridiction politique s'occupait des crimes, des délits, et en général de toutes les infractions aux lois et aux coutumes qui avaient un caractère politique ou se rapportant de près ou de loin aux personnes et aux choses du gouvernement : c'était le *hak el makhzen*. Du reste, pas de règles fixes pour l'instruction et la procédure, pas de code pénal. Le libre arbitre du juge n'était guidé que sur les prescriptions du Koran, qui a prononcé la mort pour les crimes contre la religion, la peine du talion pour les crimes contre les personnes ; qui a admis *la dià* ou prix du sang pour les meurtres, mais qui n'a rien statué sur la nature et la durée des peines. Le pouvoir du souverain n'a, à cet égard, ni limite ni contrôle.

L'instruction publique n'était pas une branche des services publics ; rien ne rappelait chez les musulmans, les institutions et les coutumes qui régissent en France l'enseignement de la jeunesse. L'Etat n'avait aucune part immédiate à la direction et à la surveillance des écoles ; les particuliers n'avaient pas non plus créé des établissements qu'on pût comparer à nos écoles privées. L'instruction était placée sous la sauvegarde de la religion. En effet, dans plusieurs chapitres du Koran, les savants sont glorifiés ; le livre saint recommande et encourage l'étude, afin de propager la connaissance des vérités religieuses. Aussi, pour les musulmans, apprendre à lire, c'est apprendre le Koran, qui est la base de l'enseignement primaire et devient plus tard le texte des leçons pour l'instruction secondaire et pour les hautes études.

En racontant les origines de la société musulmane, nous traçons le tableau de ce qui existait encore en Algérie quand nous avons expulsé les Turcs. Si la situation avait été plus florissante dans le passé, les principes étaient les mêmes. En continuant donc cette sorte d'inventaire, nous parlons aussi bien de ce qui avait été que de ce que nous trouvions debout.

L'école était placée à côté de la mosquée; mais le culte, pas plus que l'instruction publique, n'avait de budget ni de subvention spéciale alloués par l'Etat. Les mosquées étaient bâties au moyen de dons ou legs faits par des personnes pieuses ou par des princes qui immobilisaient des propriétés pour en consacrer les revenus à l'entretien de l'édifice et à la rétribution du personnel du culte. Dans les dépendances de la mosquée, il y avait un local affecté à l'école ; les revenus de la mosquée pourvoyaient à l'ameublement et à l'entretien de ce local. Lorsqu'il n'y avait pas de mosquée dans le voisinage, les habitants du même quartier se cotisaient pour la location d'une salle d'école et la garnissaient de nattes ; ils choisissaient un vieillard pour la diriger, et les parents des élèves payaient une rétribution peu importante, et donnaient des cadeaux au maître, à l'époque de certaines fêtes.

Aucune organisation, aucune prévision pour les travaux publics, pour le tracé et l'entretien des routes. Le bon plaisir était la seule loi pour les intérêts généraux. Rien ne garantissait la vie, la liberté et les biens. Le chef politique, investi d'un pouvoir sans limite, emprisonnait, confisquait les biens, exilait, mettait à mort sans jugement; il rompait les mariages au gré de sa fantaisie.

La famille, constituée encore comme au temps des patriarches, n'était pas émancipée, individualisée comme la famille chrétienne; il n'y avait d'état civil pas plus pour les naissances que pour les décès, les divorces et les mariages. Si on ajoute à toutes ces causes d'obscurité, de mystère pour les crimes, de désordre et de dissolution, les effets compliqués de la polygamie et de nombreux divorces, on se figurera dans quel état d'anarchie et de confusion était la famille.

Les musulmans n'ont pas de noms patronymiques; on dit : Mohammed, fils d'Ali ; puis Ahmed, fils d'Ali; puis Omar, fils d'Ahmed. A la troisième génération, le nom du grand-père a disparu; lorsqu'on veut préciser la filiation, on est forcé de faire des nomenclatures d'autant plus faciles à brouiller que les mêmes noms se reproduisent très-souvent. La tradition reli-

gieuse conseille aux musulmans de donner à leurs
enfants des noms de prophètes ou des noms composés
avec les attributs de Dieu; aussi les noms sont forcément à peu près les mêmes partout. On emploie une
douzaine de noms de prophètes : Mohammed et ses
dérivés (Ahmed, Hamoud, etc.), Aïssa (Jésus), Yahia
(Isaïe), Yacoub (Jacob), Yousef (Joseph), etc. Les attributs de Dieu sont au nombre de cent. Ce sont : *El
Kader*, le puissant ; *El Kerim*, le généreux ; *El Rah-
man*, le clément, etc. Devant ces adjectifs qualificatifs
de la divinité, on place le mot *Abd*, qui signi-
fie serviteur ou esclave. Si on ajoute à ces noms ceux
composés en l'honneur de la religion : *Noureddin*,
lumière de la religion ; *Salaheddin*, l'épée de la
foi, etc., et quelques autres noms antérieurs à l'islamisme, on ne trouverait peut-être pas mille noms différents dans toute l'Algérie. On devine les embarras
qui se produisent toutes les fois qu'il est nécessaire
d'éclaircir des questions d'état des personnes.

Nous avons dit que la justice ne connaissait ni
code d'instruction et de procédure, ni code pénal ; on
peut ajouter que, dans les causes civiles, elle n'avait
pas de sanction légale régulière.

Quand on avait obtenu un jugement contre sa partie adverse, il dépendait, en quelque sorte, du bon
plaisir de l'autorité politique, que le jugement fût
exécuté. Les magistrats puisaient les décisions judi-

ciaires dans des traités diffus, interprétatifs du Koran, ou du livre des traditions ; mais, nulle part, on ne trouvait une définition précise du droit, une collection claire des lois. La vindicte publique était inconnue. Lorsqu'un meurtre avait été commis, si un parent ne se levait pas pour rechercher et poursuivre le coupable, le crime restait impuni. La société ne reconnaissait pas l'intérêt de venger d'office les lois et la morale outragées.

Il est facile d'entrevoir les funestes conséquences qui durent sortir de cette organisation. Vénalité des chefs et des magistrats ; dépérissement de l'instruction publique ; ruine des mosquées, dont les administrateurs détournaient les revenus à leur profit ; des confréries religieuses (Khouan) se multipliant, pendant que les pratiques du culte public semblaient négligées ; l'insécurité de la propriété poussant à la vie nomade ; l'agriculture frappée de stérilité ; les troupeaux se substituant à la culture ; plus de plantations d'arbres ; plus de constructions : la tente au lieu du toit ; le numéraire enfoui, au lieu d'alimenter les entreprises industrielles et commerciales ; la fortune tout entière sous forme mobilière, afin de pouvoir se charger lestement sur des bêtes de somme, en cas d'alerte, et suivre le propriétaire dans la fuite ou dans ses migrations. Chacun obligé de se défendre et de suppléer, directement et personnellement, à la protection sociale qui lui manque. Il faut des armes et de la vigilance pour garder ses troupeaux, récolter son champ, protéger sa femme et ses enfants, repousser les attaques, venger les injures. La violence, la ruse, le mensonge, la dissimulation sont choses naturelles, nous allions dire licites, dans ce grand délaissement de l'individu par la société.

Nous n'échappons peut-être à ces vices et à ces fléaux que grâce à l'intervention incessante des agents de la force sociale pour nous protéger et nous défendre. On veille pour nous, la nuit, sur notre bien ; les routes sont surveillées ; la justice a déclaré une guerre à outrance aux malfaiteurs ; les gendarmes, les commissaires de police, l'armée tout entière, nous entourent et nous laissent notre liberté d'action et d'esprit pour vaquer à nos affaires : c'est ce cortége tutélaire, au milieu duquel nous vivons, qui nous facilite la pratique des vertus civiques et privées. A la place de l'indigène, serions-nous aussi énergiques, aussi courageux, contre les privations et les périls, tout en restant les hommes civilisés que nous nous vantons d'être ?

Remarquons cependant, à la louange des musulmans, qu'au milieu de ce chaos social les liens de famille ont conservé une grande force : le père est respecté ; les vieillards sont honorés ; l'hospitalité est considérée comme un devoir sacré ; l'aumône, que le Koran a élevée à la hauteur d'un dogme religieux, est largement pratiquée ; la dignité humaine n'est nulle part foulée aux pieds ; le plus pauvre sent sa valeur, la religion lui donne une dignité civique que la foi chrétienne n'inspire pas. On dit l'humilité chrétienne, et la résignation musulmane. Cette existence exposée à tous les hasards, incessamment menacée par les éléments et par les hommes, a eu pour résultat de développer le sentiment religieux. Les indigènes sont croyants ; ils sont résignés.

Nous ajouterons que, quoique attachés à leur foi jusqu'à mourir pour elle, ils sont tolérants (1). Le fanatisme farouche n'est-il pas en effet le partage des âmes faibles, sur lequelles le mysticisme prend un empire absolu ? La religion qui n'a pas de clergé peut-elle engendrer de vrais fanatiques ? On ne confondra pas l'énergie exaltée que les musulmans ont déployée en défendant leur pays contre la conquête française, avec le fanatisme, tel que nous avons pu l'observer si souvent dans nos malheureuses guerres religieuses. Pour eux, la nationalité, la patrie ne faisaient qu'un avec la foi. Lorsqu'on voit de près

---

(1) On peut dire que le gouvernement français l'a ainsi senti, lorsqu'il a permis, dans les villes où domine la population musulmane, les processions et autres pratiques extérieures du culte catholique, qui ne sont plus tolérées à Paris. Les non-catholiques seraient-ils des fanatiques plus à redouter que les musulmans ?

nos troupes indigènes , lorsqu'on voit la manière facile et large dont elles se recrutent, on ne peut se refuser à rendre témoignage à cet esprit de tolérance
qui permet aux musulmans d'accepter notre autorité
et les habitudes nouvelles que la vie militaire leur
impose. Qu'ils préfèrent leur religion à la religion
chrétienne, c'est assez naturel : chaque peuple n'en
fait-il pas autant vis-à-vis de son voisin ?

Nous venons de faire rapidement le tour du groupe
des musulmans indigènes de l'Algérie. Nous connaissons les traits principaux de sa physionomie et
de son organisation sociale , au moment où il a pu
commencer à subir l'influence civilisatrice de la
France. Maintenant qu'il s'est ébranlé sous notre im-
pulsion, constatons le chemin qu'il a fait.

Le premier résultat de notre conquête, — résultat
immense — a été la séparation radicale du spirituel
et du temporel dans la société musulmane. Le pouvoir politique a naturellement pris la prédominance,
la surveillance et jusqu'à un certain point la direction sur les pouvoirs religieux et judiciaire , représentant le spirituel. Toutes les forces vives de la nation ont été entraînées dans le mouvement déterminé
par notre seule prise de possession ; elles sont de-
venues, bon gré mal gré, les instruments et les auxiliaires du progrès , pendant que les agents du spirituel constituaient le parti de la résistance , où se ré-

fugiaient les adorateurs de la tradition, avec leurs aveugles rancunes.

Ce n'était pas assez d'avoir, du premier coup, dégagé les intérêts spirituels des intérêts matériels : notre esprit organisateur nous portait à séparer encore les deux grands éléments dont se composait le spirituel. Le culte fut rendu indépendant de la justice, et chacun de ces services reçut un commencement d'organisation. De même que les fonctions religieuses et judiciaires étaient nettement distinguées l'une de l'autre, on brisa l'étroite solidarité qui unissait l'école à la mosquée. En attendant qu'on pût délivrer l'enseignement de la pression étouffante que le Koran et les catéchismes exercent sur lui, on lui donna un local particulier. Chaque branche de ces services, d'un intérêt social aussi considérable, eut son budget, son personnel et ses établissements séparés.

Le faisceau des intérêts spirituels étant rompu, le personnel étant séparé, la force de résistance se trouvait diminuée. Les plus ardents sectaires de la tradition religieuse étaient amenés à accepter un salaire du vainqueur, et à prendre rang dans cet épais bataillon de fonctionnaires, où les individualités les plus opiniâtres s'émoussent, lorsqu'elles ne s'effacent pas complétement. Il fallait aller plus loin encore, et, qu'on nous permette ici de nous servir d'expressions empruntées à la langue de l'armée, — ouvrir les parallèles pour se rapprocher du corps même de la place et préparer les moyens d'y pénétrer.

En ce qui concerne l'instruction publique, on créa dans les principaux centres de population des écoles primaires arabes-françaises , où on enseigne simultanément le français et l'arabe (1). Le directeur est français ; il est assisté d'un maître musulman. Quelques jeunes Français sont admis pour donner, en quelque sorte, le ton et la prononciation de notre langue. L'élève apprend à réciter le Koran, comme dans l'école indigène , mais on lui enseigne à lire sa langue dans des livres élémentaires préparés par nous , d'après nos méthodes les plus rationnelles , et non plus en suivant les routines des maîtres d'école du pays. Il n'étudie plus seulement le Koran : on lui donne des notions de l'arithmétique, de l'histoire, de la géographie et du dessin linéaire ; on a même, dans quelques écoles, organisé des orphéons, et nos chants nationaux retentissent, chaque jour, au milieu de ces enfants.

Des établissements semblables ont été fondés pour les jeunes filles musulmanes. Là, le temps est partagé entre les travaux à l'aiguille et les études. Les jeunes filles prennent à l'école le repas du milieu du jour, pour leur éviter les allées et les venues à travers la ville. Hâtons-nous de noter que ces écoles, d'un caractère si utile, sont encore peu nombreuses. Lors-

(1) Décret du Président de la république, du 14 juillet 1850.

qu'on les comparera aux écoles indigènes pures, on
verra que l'innovation est tellement grande, qu'il
faut donner le temps à la population de connaître et
d'apprécier les résultats ; quant à la fondation des écoles
de filles, c'est une véritable révolution qu'on prépare
dans la famille musulmane; les progrès matériels
affranchiront la femme des travaux les plus fatigants
du ménage : elle pourra alors se livrer à la couture,
si favorable à la méditation et à la réflexion; elle
pourra lire et écrire. La nature de ses rapports avec
son mari et avec ses enfants subiront la plus heureuse transformation.

Le germe est déposé pour le progrès de l'instruction primaire; il fallait aussi planter le jalon pour la
réforme de l'instruction secondaire (1). L'institution
d'un collége arabe-français à Alger a répondu à cette
pensée. Le principe d'organisation est le même que
pour l'école normale-primaire; l'enseignement est
naturellement plus développé. La claustration dans
l'établissement des élèves, surveillés et soignés par
des agents français, est une initiation douce à nos habitudes et à nos mœurs. Un imam est attaché au collége pour les exercices du culte et pour l'instruction
religieuse. Des élèves externes français sont admis à
suivre les classes en qualité de demi-pensionnaires;
mais les jeunes indigènes couchent seuls dans le col-

(1) Décret impérial du 14 mars 1857.

lége. En évitant un mélange trop intime, on a répondu aux légitimes appréhensions des familles françaises et musulmanes, qui, pour des motifs différents, la redoutaient toutes deux également.

Le ministère de la guerre, à qui on doit l'organisation de ce collége, a eu la sagesse de le préserver des routines universitaires : on n'y enseigne ni le grec, ni le latin ; à la fin de leurs études, les élèves reçoivent, après examen, un diplôme auquel l'administration locale a bien voulu attribuer la valeur du diplôme de bachelier, dans les justifications exigées pour l'admission dans certains services publics. Les résultats obtenus dans ce collége sont extrêmement remarquables, comme le témoignent chaque année les épreuves publiques. Les parents indigènes ont eux-mêmes signalé le changement opéré dans les habitudes des enfants lorsqu'ils rentrent dans leur famille.

Il restait quelque chose à faire pour, ou plutôt contre, les hautes études musulmanes (1). La théologie, la jurisprudence, les sciences grammaticales s'enseignent dans des zaouïa, sortes de chapelles privées, entièrement soumises à l'influence des personnages religieux, plus ou moins fanatiques. Cet enseignement peu éclairé s'applique à entretenir et à exciter les haines religieuses. C'est, cependant, dans

(1) Décret du Président de la république, du 30 septembre 1850.

ces zaouïa que doivent nécessairement puiser leur
instruction spéciale, les candidats qui se destinent
aux emplois du culte, de la justice et de l'instruction
publique. Pendant la longue guerre qui a précédé la
pacification du pays, les zaouïa ont été fermées sur
plusieurs points, et il est arrivé, particulièrement
pour les emplois de maître d'école et d'assesseur des
magistrats, qu'on a été obligé de laisser les tribus entretenir des tolbas (lettrés) vagabonds, venant de
Tunis ou de Maroc, vivant le plus souvent d'escro-
queries, toujours complices empressés des fauteurs
de sédition, caressant l'orgueil des vrais croyants, leur
prophétisant une délivrance prochaine, à l'aide de
secours venant de l'est, de l'ouest ou du sud, propa-
gateurs zélés des diverses confréries religieuses.

Il y avait là un grand danger. Afin de le conjurer,
au moins pour l'avenir, on a créé dans chacune des
trois provinces une école supérieure musulmane,
où l'on enseigne les mêmes matières que dans les
zaouïa; mais les directeurs et les professeurs sont
nommés et salariés par nous; nous surveillons l'enseignement, et, par d'habiles conseils, nous pouvons
même le diriger. Dix élèves sont logés gratuitement
dans chaque école; la plupart des autres sont entretenus aux frais des tribus. Au sortir de l'école, après
les épreuves voulues, les élèves sont reconnus aptes
à remplir des emplois, soit dans la justice, soit dans

l'instruction publique, soit dans nos administrations arabes en qualité de secrétaires (khodja). Les emplois du culte appartiennent naturellement aux hommes plus âgés et jouissant d'une réputation intacte.

Il n'est pas nécessaire de s'appesantir sur la haute importance de ces écoles, pour les intérêts moraux de la société musulmane. Cette tentative est tellement utile aux développements de la civilisation de l'Algérie, qu'il ne faudrait pas trop se hâter d'introduire des professeurs français et l'enseignement de notre langue dans ces établissements. Prenons garde aux méfiances légitimes contre une absorption trop brusque ; les préventions qui existent sont assez vives et assez fortes pour qu'on ne les aggrave pas par un zèle intempestif. Cette observation s'applique aussi au collége arabe et aux écoles primaires : si ces écoles devenaient des établissements soumis au régime universitaire, si elles ne conservaient pas leur cachet musulman, on perdrait bien vite le bénéfice d'un début si favorable, et la confiance des familles indigènes se retirerait de nous.

En dehors de ces écoles normales, il existe un grand nombre d'écoles primaires, dans les villes et dans les tribus, et des écoles secondaires auprès de certaines mosquées. On ne les a pas négligées. Elles ont été placées sous la surveillance des agents de l'administration ; on a commencé à exiger que les maîtres fussent munis d'un certificat de moralité, délivré par le kadhi, et d'un diplôme de capacité signé par des lettrés connus. En retour de ces garanties pour les familles et pour l'État, on a alloué un traitement aux instituteurs sur les fonds communaux ; on les a classés parmi les notables, et on les a fait jouir, toutes les fois qu'on l'a pu, des immunités réservées aux agents publics, telles que exemptions de certaines corvées, prestations en nature fournies par les habitants des tribus. On n'a pas encore touché aux méthodes d'enseignement. Cette réforme viendra plus tard, lorsque nous pourrons recruter de bons instituteurs entièrement soumis à notre influence. Vouloir aujourd'hui pousser plus loin le progrès, ce serait s'exposer à tout perdre, car les moyens d'action et de surveillance nous manqueraient pour mettre la main, à la fois, sur toutes les écoles indigènes. Un envahissement partiel ne ferait que donner des griefs aux mécontents, et nous aliénerait les esprits, qui ne sont déjà que trop disposés à la défiance.

Nous ne ferons pas l'injure à nos lecteurs de combattre ici les idées qui se sont produites sous des patronages élevés pour recommander la suppression de toutes les écoles musulmanes. L'enseignement, disaient ces fanatiques d'un nouveau genre, reposant sur le Koran, ce livre prescrivant la guerre aux infidèles, nous perpétuons la lutte en laissant les écoles ouvertes.

Cette théorie, pour l'absorption immédiate des indigènes, était par trop naïve; elle n'a pu gagner beaucoup
de partisans. A ces paroles, dignes de l'inquisition es-
pagnole et qui semblent une parodie de la brutale sen-
tence attribuée à Omar contre la bibliothèque d'Alexan-
drie, nous nous contenterons d'opposer un mot du
plus jeune des gouverneurs généraux de l'Algérie :
« L'ouverture d'une école au milieu des indigènes
« vaut autant qu'un bataillon pour la pacification du
« pays. »

Le fanatisme, les mauvais instincts, les passions
brutales ont toujours meilleur marché de l'ignorance.
Enseigner même l'erreur vaut mieux que la ferme-
ture des écoles, car l'intelligence s'affirme, se dégage
de la domination des instincts matériels; elle pourra
plus tard arriver à la vérité par la réflexion, tandis
que l'absence complète d'instruction voue la population à la dégradation et à la barbarie.

Passons à la justice.

Jusqu'au 26 septembre 1842, les juges indigènes
avaient conservé la connaissance des crimes et délits
commis entre indigènes et au préjudice d'indigènes;
mais l'expérience ayant démontré la nécessité de réserver aux tribunaux français le jugement de tous les
crimes et délits, à quelque nation qu'appartînt l'in-
culpé, les magistrats musulmans ne connurent plus
que des affaires civiles et commerciales et des ques-

tions d'état des personnes. L'Européen entraînait toujours devant la juridiction française les indigènes avec lesquels il était en contestation.

Telle est, en substance, l'organisation judiciaire édictée par les ordonnances royales des 28 février 1841 et 26 septembre 1842. Cette division fut acceptée sans difficulté par la population indigène, parce qu'elle existait déjà parmi elle. Nous avons vu, en effet, que le chef politique se réservait, sous le nom de *hakoum el makhzen*, la connaissance de tous les crimes et délits intéressant la sûreté générale. Nous ne faisions que nous substituer à l'autorité qui nous avait précédés. En conservant aux tribunaux musulmans la juridiction criminelle, nous leur aurions laissé sur l'ordre public une action dangereuse. La situation commandait tellement cette mesure, qu'en l'absence de juges français, soit civils, soit militaires, la répression des crimes et délits fut attribuée, par la population elle-même, au chef politique. Le juge musulman connaissait des affaires civiles, parce qu'elles se rattachent plus directement aux coutumes nationales et aux croyances. Il ne pouvait y avoir d'inconvénient pour nous à respecter, à cet égard, la capitulation signée au moment de la prise d'Alger.

Quelques autres dispositions furent adoptées. Les magistrats musulmans des villes furent placés sous la surveillance de l'autorité judiciaire française. On nomma des assesseurs musulmans auprès de nos tribunaux. L'appel fut ouvert devant la cour pour les jugements prononcés par les kadhis. Ces mesures ne furent appliquées qu'au territoire civil, car, en territoire militaire, l'autorité politique surveillait la justice et nommait le personnel; il n'y avait pas d'assesseur auprès des conseils de guerre, quoiqu'ils jugeassent les indigènes, au criminel et même au civil, dans les causes mixtes.

Cette organisation fonctionna pendant plusieurs années. Son imperfection ne tarda pas à se révéler. En premier lieu, le chef du parquet, ne connaissant pas la langue arabe, était obligé de suivre presque aveuglément les inspirations des interprètes qui servaient d'intermédiaires. La majorité de ces agents avaient été choisis parmi les israélites, race profondément antipathique aux musulmans, surtout aux lettrés. Les musulmans instruits et estimés s'éloignèrent des fonctions judiciaires; les hommes peu scrupuleux qui acceptèrent des emplois furent mal surveillés. Les assesseurs, dans les rares causes qui venaient en appel, se montrèrent si avides, si faciles à corrompre, que l'un d'eux fut surnommé *Monsieur Combien?* D'autre part, ces assesseurs, recrutés en général parmi les marchands des villes, étaient si ignorants de la jurisprudence musulmane, qu'on renonça bientôt à les consulter; ils assistaient à l'audience, entendaient la lecture de l'arrêt rédigé en français et signaient de confiance afin de toucher à la fin du mois leurs frais de vacation.

L'appel devant la Cour, qu'on croyait une garantie, était une arme redoutable habilement maniée contre les pauvres par le plaideur riche des provinces. Certains propriétaires indigènes parvenaient à imposer à leurs adversaires les transactions les plus iniques après une condamnation devant le kadhi. En menaçant le plaideur nécessiteux des dépenses qu'entraînait un appel : voyage à Alger, honoraires de l'avocat et de l'huissier, frais de justice, etc., ils l'amenaient facilement à se désister de l'appel. Aussi on relèverait à peine quelques recours à la justice française pour les innombrables jugements rendus par les kadhis. Dieu sait cependant si ce résultat pouvait être attribué à l'équité des juges indigènes. D'ailleurs la justice musulmane n'était pas organisée, et des plaintes s'élevaient de toutes parts pour demander qu'on réglât la procédure, qu'on fixât la compétence, qu'on réglementât la profession de défenseur, etc.

C'est pour remédier à cette déplorable situation que fut rendu le décret du 1er octobre 1854. Cet acte public a été très-vivement critiqué dans des publications officieuses ou officielles. Les circonstances n'ont, sans doute, pas permis à ses auteurs de le défendre. Cette tâche ne saurait nous appartenir, mais la lecture attentive du rapport précédant ce document nous a révélé l'esprit qui a présidé à sa rédaction, et nous croyons faire une œuvre utile en le comparant avec le décret du 31 décembre 1859, annoncé comme devant le corriger et le compléter. Nous allons nous trouver en présence d'un exemple frappant de l'impatience et de l'esprit d'absorption de l'initiateur.

La première réforme du décret du 1er octobre consistait à enlever la direction et la surveillance de la justice musulmane au parquet pour la confier à l'autorité administrative. Cette mesure, dans laquelle on a voulu voir un acte de méfiance et de prépotence de l'autorité militaire, était commandée par l'état de la société musulmane et par l'intérêt politique de notre domination. Il a été établi, dans les considérations qui précèdent, que la justice, le culte et l'instruction publique avaient autrefois le même personnel. Notre premier soin avait été de spécialiser les fonctions; mais cela n'avait pas suffi pour rompre le faisceau formé par la classe qui se vouait à ces trois ordres de fonctions. Chacun des ouléma posait sa candidature pour un des trois emplois, indistinctement, et on peut dire que son aptitude était égale pour tous.

En séparant les services, il y avait un grand intérêt à conserver l'unité de direction, afin de faciliter la surveillance et de connaître toutes les ressources pour le triple recrutement du personnel. Qui peut nier que le préfet en territoire civil (et à plus forte raison

le général en territoire militaire) ne fût mieux placé
que le procureur impérial pour recueillir les rensei-
gnements, connaître les besoins et entendre même
les plaintes formulées dans la famille ? L'autorité administrative a plus de facilités pour la direction du
personnel judiciaire, précisément parce qu'elle dis-
pose aussi des emplois du culte et de l'instruction
publique. En outre, l'administration a un caractère
de fixité, d'esprit de suite, une richesse d'archives
et de documents qu'on trouve difficilement ailleurs.
Le procureur impérial est chargé d'un service très-
lourd, qui absorbe tout son temps et toutes ses facultés ; la justice musulmane n'est qu'un détail intéressant pour lui, mais secondaire, en dehors de ses aptitudes personnelles ; il est obligé de donner une
grande confiance à des agents subalternes, peu instruits, qui peuvent seuls conserver la tradition du service, car le chef du parquet change souvent de résidence ; son secrétaire n'a pas de position officielle :
reste l'interprète. Les spécialités penchant toujours
vers leur sphère particulière, l'administration étant un
service général plus impartial, moins exclusif, elle
ménagera mieux les transitions. Il ne s'agit pas encore de modifier les lois musulmanes, mais de préparer les magistrats indigènes à subir l'influence générale de notre civilisation ; la surveillance, la direction de l'autorité administrative ne s'adresseront qu'au

personnel, tandis que le parquet empiétera forcément sur le texte de la loi et sur la manière de l'interpréter.

Le décret du 1er octobre était conçu dans un esprit de prudence et de modération. Pour bien constater qu'il ne voulait point s'immiscer dans les choses de la loi et dans la jurisprudence, souvent autant religieuse que civile, il supprima les appels devant la cour. Le tribunal d'appel musulman (le Medjlès) prononça en dernier ressort. Il y avait à ce système un notable avantage : le magistrat musulman conservait toute la responsabilité de ses jugements; le justiciable, s'il se croyait mal jugé, ne pouvait accuser que sa loi et ses juges, tandis que les sentences rendues par les tribunaux français sont à la charge de la France et deviennent des aliments de discorde et de division. En supprimant les appels, on écrivit cependant dans le décret que les parties pouvaient, d'un commun accord, porter leurs contestations devant les tribunaux français de leur domicile, qui statuent alors selon les règles de compétence et les formes de la loi française. L'appel devant la cour d'Alger soumettait à des juges incompétents des litiges que nos lois ne pouvaient connaître; le Code Napoléon révisait le Koran. Est-ce là respecter les mœurs et les croyances?

Telles étaient les deux principales réformes au point de vue français. Celles faites au point de vue purement musulman étaient nombreuses, et quoiqu'on ait pris

la peine de les copier, sans les restituer à leur auteur,
dans le décret du 31 décembre 1859, on n'y a rien
ajouté. En voici le résumé :

L'organisation, la composition et la compétence des
tribunaux musulmans furent nettement définies ; on
détermina des circonscriptions judiciaires ; on fixa
des règles pour la procédure, pour les appels et les
ajournements ; on introduisit dans la justice musulmane le jugement par défaut ; les jugements furent
rédigés au nom de l'Empereur ; sur le visa du président du tribunal civil français, les huissiers et la force
publique devaient assurer l'exécution. En l'absence
de tribunaux français, l'autorité politique prêtait son
concours pour la sanction légale.

Des arrêtés ministériels fixèrent un tarif pour
le prix des actes et les frais de justice, et régle-
mentèrent la profession des défenseurs indigènes (ou-
kil). Les kadhis furent astreints à tenir des registres
authentiques pour l'inscription des actes qu'ils pas-
sent comme notaires et des jugements qu'ils rendent; ils en devaient extraits aux intéressés toutes les
fois qu'ils en étaient requis. Les registres étaient
soumis à des vérifications périodiques de la part
d'agents spéciaux de l'autorité administrative. Ces
agents pouvaient assister aux audiences des tribunaux, pour surveiller le fonctionnement de la justice,
sans intervenir dans les affaires.

Les kadhis et leurs assesseurs étaient à la nomination des généraux en territoire militaire, et des préfets en territoire civil; le ministre s'était réservé seulement la nomination des kadhis et des membres du medjlès dans les chef-lieux de préfecture, de division, d'arrondissement et de subdivision. L'autorité locale nommait les autres membres des tribunaux. Un conseil de jurisprudence musulmane était institué à Alger pour délibérer sur les questions qui lui seraient soumises par l'autorité française. On espérait arriver ainsi à créer une jurisprudence spéciale à l'Algérie et tenter quelques conciliations avec nos coutumes et nos principes judiciaires. Ce conseil, bien composé, bien dirigé, pouvait rendre les plus grands services.

Les dispositions nouvelles sanctionnées par ce décret étaient en vigueur et se perfectionnaient chaque année, lorsque survint le changement d'organisation de l'Algérie, en 1858. Nous n'avons pas à nous occuper ici de l'ébranlement causé par le régime nouveau, ni des passions contraires qu'il souleva; nous dirons seulement qu'aux yeux de beaucoup de personnes, il sembla avoir accepté pour mission, d'instaurer l'autorité civile en Algérie d'une manière plus complète et de ramener l'armée à la mission de veiller à la défense du territoire et de l'ordre public. Les récriminations, les plaintes et les calomnies éclatèrent de

tous côtés. On n'osa pas les écouter et les accueillir
toutes ; mais aucune ne fut hautement désavouée ou
sévèrement réprimée. Toutes les branches de l'administration et des services publics subirent l'assaut des
nouveaux réformateurs. La justice musulmane ne
pouvait échapper à leur attention.

Sur plusieurs points, des kadhis et des membres
des medjlès avaient été mis en jugement sous l'in-
culpation de corruption ou de faux en écritures publiques. Quelques plaintes, émanées de plaideurs
condamnés furent adressées à l'autorité supérieure ;
il n'en fallut pas davantage pour faire sonner la charge
contre le décret du 1er octobre. Ceux qui avaient
perdu la direction de la justice musulmane, quelques
clercs de bazoche, qui espéraient une clientèle plus
nombreuse, réunirent leurs efforts contre ce malheureux décret. Les premiers oublièrent que, du 26 septembre 1842 jusqu'au décret du 1er octobre, ils
avaient trop prouvé leur impuissance. Ceux-là ne se
souvinrent plus que les indigènes ont une frayeur
mortelle de nos interminables formalités, des longues
procédures et des frais de justice.

Les rancunes, les espérances aidant, un grand
nombre de voix s'élevèrent contre le décret du 1er octobre, et chacun voulut avoir un morceau de la tu-
nique du vaincu qu'on dépouillait. On refit donc le
décret: on rendit au parquet la surveillance de la jus-

tice musulmane; les appels furent déférés aux tribunaux et à la cour. Sauf ces deux points, toutes les
autres dispositions furent maintenues. Ceux qui, pendant quatorze ans, n'avaient rien fait pour l'organisation de la justice musulmane trouvèrent tout simple
d'hériter, sans dire merci, du travail heureux et fé-
cond de ceux qu'ils évinçaient.

Les apologistes du décret du 31 décembre 1859
ont la prétention de se rapprocher du droit commun
et de faciliter la fusion entre les deux races. Hélas!
nous craignons bien qu'aucun de ces deux résultats
ne puisse être atteint. Lorsque la justice était surveillée par l'autorité administrative, tout fonctionnait
sans embarras. Les attributions, partagées, selon les
territoires, entre les généraux et les préfets, étaient
clairement définies et ne donnaient lieu à aucune
complication, à aucun conflit. Il en est bien autrement avec le système du décret du 31 décembre.
L'administration de la justice musulmane a une constitution particulière dans les territoires civils, —
autre pour la Kabylie, — autre pour le Sahara. —
En territoire militaire, la surveillance appartient à la
fois à l'autorité militaire et au parquet; on a concédé à l'autorité administrative ce qu'on lui a refusé
en territoire civil. Toutes les nominations, petites et
grandes, sont faites par le ministre; mais le général, le
chef du parquet et le premier président de la cour im-

périale, doivent concourir à la présentation des candidats. Que sortira-t-il de ces rouages compliqués?

Pour la Kabylie, on a sanctionné l'existence d'un régime judiciaire tout nouveau, et que les enthousiastes du système kabyle présentent comme le *nec plus ultrà* de l'organisation démocratique. La justice civile et commerciale est rendue par les conseils municipaux électifs (djemaa) ; on voudrait étendre ce système à toutes les tribus qui se rattachent par l'origine à la race kabyle. Dans le Sahara, on a maintenu l'état de choses antérieur à la conquête, c'est-à-dire la confusion sans règles.

Nous avons déjà signalé les écueils inévitables que l'on rencontrera dans les appels devant les tribunaux français, si toutefois les indigènes veulent profiter de ce bienfait. On jugera plus souvent la loi musulmane que les plaideurs musulmans ; on tentera de redresser les défectuosités de l'institution de la famille. En attaquant la loi, on attaquera la religion. Nous admettons volontiers qu'on était allé trop loin en faisant prononcer en dernier ressort par le tribunal musulman du second degré.

Le remède était facile à trouver, sans altérer l'esprit du décret du 1er octobre. On aurait pu, d'une part, en réduisant le nombre des medjlès, instituer auprès de chacun d'eux une sorte de commissaire impérial qui aurait assisté à toutes les délibérations pour s'assurer que les formes de la justice étaient suivies. Ces fonctions auraient été remplies par un agent de l'administration. Sous une surveillance ainsi exercée, les magistrats musulmans n'auraient pas tardé à se moraliser ; d'autre part, on aurait pu attribuer à tous les tribunaux français de première instance l'appel en cassation des jugements rendus par les kadhis et les medjlès, mais seulement pour vice de forme et violation des prescriptions du décret organique. Quant au fond, un autre medjlès aurait été saisi pour examiner et juger à nouveau l'affaire. Ces garanties eussent été sérieuses, sans rien empiéter sur le domaine religieux ; mais cette réforme partielle n'eût pas signalé assez radicalement le changement de système : on voulait une revanche.

Les personnes nouvellement appelées à s'occuper des affaires de l'Algérie ont fait grand bruit de la vénalité des juges musulmans. La découverte n'avait rien d'extraordinaire : le mal datait de loin. L'état moral du personnel était le même sous la domination turque ; il était le même pendant que le parquet était chargé de la surveillance. Depuis le décret du 1er octobre, l'administration ayant exercé un contrôle plus sévère, on a signalé et poursuivi un plus grand nombre de prévaricateurs. On n'a pas manqué de faire un crime au décret de ce qui était au contraire à sa louange.

Sous l'ancien ordre de choses, il n'y avait pas moins de coupables, mais on ne les découvrait pas. Sous l'empire du décret du 31 décembre, les magistrats indigènes ne seront pas plus incorruptibles ; seulement, le parquet aura moins de moyens de surveillance que l'autorité administrative.

On ne fait pas un honnête homme du jour au lendemain ; on n'en invente pas, et il faudrait en inventer pour avoir des kadhis semblables à nos bons juges. Les éléments de la moralité et de la probité ne sont pas les mêmes pour les deux races : ce qui est crime ici, là est à peine une peccadille. Les arrêts de l'opinion ne sont ni aussi sévères, ni irréfragables. Les kadhis éclairés et relativement probes seront formés par nos écoles supérieures musulmanes. Il faut les attendre avec patience ; cela nous est d'autant plus facile que les kadhis, après tout, ne jugent que les musulmans.

La comparaison du décret du 1er octobre 1854 avec celui du 31 décembre 1859, qui a prétendu le corriger, nous a permis de prendre l'initiateur en flagrant délit de tentative d'absorption vis-à-vis de son disciple. Les sophismes qui se déguisent sous le nom de fusion n'ont trompé aucun observateur attentif à cet égard. Il est singulier de remarquer que les tempéraments, la prudence, le respect du vaincu émanent du ministère de la guerre, alors chargé de la direction de l'Algérie ; tandis que les procédés sommaires et enchevêtrés, les tendances exclusives, les dédains pour le peuple conquis se trouvent l'apanage des prôneurs du droit commun et de l'application immédiate des institutions françaises. Enfin, constatons notre impartialité en notant qu'aucun des deux décrets ne fait mention des conditions exigées pour arriver à la magistrature indigène. Les kadhis et les assesseurs pourront encore être choisis parmi les boutiquiers, et si *M. Combien* n'est plus assesseur, ce que nous ne saurions dire, rien ne nous garantit contre son retour possible parmi notre magistrature assise.

Les cultes ne pouvaient être oubliés dans nos efforts pour introduire de l'ordre dans la société musulmane; mais tout le monde comprendra que la circonspection et même une certaine hésitation étaient ici très-excusables. On a divisé les édifices religieux en plusieurs classes, selon l'importance des localités; tout musulman n'a plus le droit de construire une chapelle sans autorisation de l'État; les divers fonctionnaires religieux, salariés sur le budget de la métropole ou sur ceux des communes et des départements, sont à la nomination de l'autorité; les édifices religieux sont entretenus. Nous ne répéterons pas ici les accusations formulées contre l'administration qui a réuni au domaine de l'État toutes les propriétés appartenant autrefois aux mosquées, et qui ne consacre qu'une

très-minime partie des revenus à l'entretien des édifices religieux et des écoles. Si on comparait le budget
de l'instruction publique et des cultes pour les deux
cent mille Européens avec celui des mêmes services
pour les trois millions de musulmans, on trouverait
des chiffres en proportion inverse du nombre d'âmes
de chacun des deux cultes. L'initiateur a un peu
frustré ici les droits de l'initié; mais il était si dangereux d'entrer plus avant dans les choses de la religion, qu'il faut pardonner l'oubli dont nous sommes
coupables.

Les musulmans n'ont pas de clergé à proprement
parler; il n'y a pas pour eux des oints du Seigneur à
qui le ciel a donné le pouvoir de lier et de délier.
Chaque croyant peut, à l'occasion, remplir l'office de
prêtre (imam); s'il y a des personnes désignées par
l'autorité ou par les fondateurs des chapelles pour
annoncer la prière, adresser aux fidèles une homélie
à la prière du vendredi, diriger les exercices pieux,
ce n'est que par suite de la division de travail nécessaire partout. Il n'y a aucune consécration particulière. Il ne nous appartenait pas de constituer un
clergé, de lui donner une hiérarchie et de lui conférer
des pouvoirs spirituels; mais peut-être aurait-il fallu
créer un consistoire musulman, composé de notables,
qui aurait soumis à l'autorité française les demandes
et les propositions concernant le culte. Cette institu-

tion est dans l'esprit des indigènes ; elle serait sans inconvénient politique, pourvu, toutefois, qu'encouragé par les succès du procureur général, l'évêque d'Alger ne réclamât pas la nomination et la surveillance des consistoires musulmans.

D'après cet exposé, on voit qu'on a accusé bien à tort le gouvernement français de trop protéger le culte musulman. On a voulu faire un crime à l'administration d'avoir, dans certaines localités, bâti la mosquée avant l'église. La chose est facile à expliquer, et rien n'est plus innocent. Depuis la prise d'Alger, c'est-à-dire depuis trente ans, pas une seule mosquée n'a été bâtie par l'État pour les besoins du culte musulman. Celles qui ont été construites sous la direction des officiers du génie, à Philippeville et à Sétif notamment, l'ont été au moyen de souscriptions recueillies parmi les indigènes. Ces braves musulmans sont si fanatiques, qu'ils ont même souscrit pour la construction d'une église catholique à Djelfa, sur la route de Boghar à Laghouat.

On a, il est vrai, réparé quelques mosquées à Alger et dans les principales villes ; mais il faut ajouter que, dans toutes les villes sans exception, plusieurs mosquées ont été distraites de leur affectation pieuse pour les besoins des services publics, ou démolies pour l'élargissement des rues, ou transformées en églises pour le culte catholique. Ces diverses mesures se .

sont accomplies avec tant de facilité, qu'on doit supposer qu'on ne craignait pas beaucoup le fanatisme musulman. En somme, les progrès relatifs à l'administration du culte sont peu apparents et peu nombreux; ils sont significatifs cependant au point de vue social : salaire au personnel des mosquées, dépenses inscrites dans les divers budgets, mosquées classées comme édifices du domaine public.

Le progrès le plus considérable pour les familles indigènes consiste dans l'établissement de registres de l'état civil. Cette institution fonctionne avec la plus grande régularité dans les villes ; elle n'est encore qu'à l'état d'essai dans les tribus. La résistance là devait être en effet plus vive que dans les grands centres de population; les zélateurs des vieux préjugés nous accusaient de vouloir faire des listes de leurs enfants pour les emmener plus tard en esclavage en France. Dans les villes, quelques administrateurs intelligents ont eu la pensée d'allouer une prime aux sages-femmes indigènes qui font des déclaration srégulières à l'état civil. On comprend l'immense portée de cet élément d'ordre et de stabilité. Les filiations vont s'établir régulièrement, les familles s'individualiser et prendre leur nom. Dès les premiers essais pour la tenue des registres, on s'est aperçu d'un inconvénient qui ne manque pas de gravité.

Les noms arabes sont d'une transcription difficile en caractères français ; en les écrivant comme on croit les entendre prononcer, tout le monde ne les orthographie pas de la même manière ; chacun suit un système différent de transcription. Ainsi le même nom figure tantôt d'une façon, tantôt d'une autre, sur les matricules de l'impôt ou sur les sommiers du domaine, ou dans les dossiers du tribunal, ou sur les registres de l'état civil. Une orthographe uniforme et rigoureuse des noms est cependant indispensable pour les actes de l'état civil.

Afin d'obvier à cet inconvénient, le gouvernement, du temps du despotisme du sabre, a donné des ordres pour la composition d'un vocabulaire de tous les noms d'hommes, de villes, de localités, de rivières, de montagnes, en écrivant le mot arabe à côté du mot français. Un mode de transcription très simple devait être adopté pour écrire les noms en caractères français. Le vocabulaire devait ensuite être imprimé, afin que tous les maires, les officiers publics, tous les agents de l'administration pussent en recevoir un exemplaire, qui aurait été consulté toutes les fois qu'il y aurait eu un nom arabe à écrire. Une orthographe uniforme prévaudrait, et il serait facile de suivre un individu à travers tous les documents où son nom figurerait. Malheureusement la grande révolution qui devait régénérer l'Algérie s'est produite avant que le vocabulaire fût terminé, et on attend encore cet intéressant travail. Si le succès n'est pas plus rapide, on voit que l'apathie de l'initiateur est aussi à blâmer que la méfiance et le mauvais vouloir de l'initié.

CHAPITRE II

ORGANISATION ADMINISTRATIVE.

Tribu. — Administration d'Abd-el-Kader. — Kabyles. — Impôts.— Centimes additionnels. — Forces militaires.— Makhzen.— Goum. Troupes indigènes. — Prix du sang. — Propriété.

Peut-être nous accusera-t-on de nous laisser aller à des développements trop détaillés : c'est une des nécessités des règles que nous avons tracées pour notre travail. A chaque pas nous devons revenir au point de départ de la société musulmane. Si nous savons bien quelle était la situation avant la conquête, nous apprécierons mieux et l'état actuel et les espérances permises pour l'avenir. Nous arrivons à l'organisation administrative.

Les indigènes de l'Algérie sont encore constitués en tribu; la forme a survécu aux circonstances qui en déterminèrent l'adoption. La tribu représentait à l'origine le groupe familial obéissant au patriarche;

aux liens de parenté s'ajoutèrent bientôt d'autres éléments ; la tribu étendit son action comme centre d'un intérêt collectif ; aux parents se rallièrent les clients et les associés. Le groupe se développant, il devint nécessaire de le subdiviser ; la tribu fut partagée en *ferka* (fraction), puis la ferka se divisa en *douar* (cercle, rond). Là s'arrêta le fractionnement. Le douar, composé d'une vingtaine de tentes environ, c'est-à-dire d'autant de chefs de famille, est considéré comme la monade de la tribu.

Le douar peut être assimilé au hameau de France, avec l'élément de consanguinité de plus. Les habitants ont leurs champs en commun ; ils envoient leurs troupeaux au pâturage sous la garde d'un berger fourni par chaque tente à tour de rôle. Le douar ne forme pas, à proprement parler, une circonscription administrative : il obéit à un notable investi par l'assentiment de l'opinion et la notoriété publique d'une autorité d'un caractère tout moral. La ferka prenait souvent un nom spécial pour se distinguer de la tribu ; elle est placée sous les ordres d'un cheikh, premier anneau des pouvoirs publics. Ce n'est pas encore le maire, mais l'adjoint chargé de la direction d'une annexe de la commune. La réunion de la ferka constitue la tribu commandée par un kaïd, qui peut être comparé à un maire cantonnal. La tribu est le véritable embryon de la commune. En effet, nous allons voir apparaître une institution qui rappelle d'une manière imparfaite notre conseil municipal. La réunion des chefs de douar et des cheikhs de ferka, sous la présidence du kaïd, constitue la *djmaa* (assemblée), qui, sans attributions régulièrement déterminées, tient dans la tribu une place importante. Le kaïd la consulte dans les principaux actes de son administration, et il doit obtenir le concours de ce conseil de notables pour être respecté et obéi de tous. Personne ne désigne les membres de la djmaa; l'opinion publique seule signale au kaïd, pour la représenter, les plus sages, les plus riches, les plus braves.

Tel était le cadre de l'administration dans les contrées rangées sous la domination des Turcs. Dans les régions que leur éloignement ou les difficultés de leur abord pouvaient soustraire à l'action de l'autorité centralisée dans les villes, le pays avait gardé une organisation d'un caractère féodal. Certaines familles, qui avaient avant les Turcs exercé l'autorité souveraine, conservaient sous leur dépendance des circonscriptions étendues avec le simple titre de cheikh. Ce mot avait alors une signification plus élevée que celle attribuée aux chefs de ferka. Ces exceptions se remarquaient aussi au profit des marabouts les plus renommés composant la noblesse religieuse. Ceux-ci avaient des serviteurs; les nobles militaires, des clients, des sujets. Dans les parties ouvertes du pays où les troupes turques pénétraient facilement, les tribus étaient groupées en beylik, obéissant à un fonctionnaire appelé bey et résidant dans une ville. Il y avait trois beyliks : ceux d'Oran, de Médéah et de Constantine, représentant trois provinces. Ainsi, des chefs de tribu relevant sans intermédiaires du bey de la province, ou bien d'un grand feudataire avec lequel ils avaient des relations directes d'obéissance, telle était l'organisation.

Lorsque les indigènes, soulevés dans la province d'Oran, choisirent Abd-el-Kader, alors âgé de 24 ans, pour diriger la résistance contre la conquête française, ce jeune homme de génie fit faire un pas à l'organisation administrative; il avait compris que l'ordre doit être partout la base de la véritable unité. Plusieurs tribus furent réunies et placées sous les ordres d'un fonctionnaire qui prit le nom d'agha; la circonscription s'appela aghalik, sorte d'arrondissement répondant à une sous-préfecture; enfin, plusieurs aghaliks constituèrent le commandement d'un khalifa, assimilable à notre département, mais beaucoup moins étendu que la province turque ou beylik. Tous ces fonctionnaires étaient investis des attributions civiles et militaires; ils administraient et commandaient les contingents de leurs tribus devant l'ennemi.

La lutte soutenue par Abd-el-Kader contre la France ne pouvait avoir que la religion pour drapeau. La nationalité, telle que nous la connaissons en Europe, n'avait encore qu'une existence latente parmi ces populations fractionnées en tribus se rattachant à des origines diverses et hostiles. Arabes, Berbères, habitants des plaines, montagnards, Kabyles, chaouïa, formaient autant de groupes distincts, fixés au sol d'une manière en quelque sorte précaire ; mais tous étaient musulmans. La religion était le sentiment le plus général dans lequel se confondaient l'attachement à la terre où reposaient les ancêtres et aux traditions, le patriotisme local, la haine de l'étranger. Le conquérant, l'assaillant européen devait naturellement aussi apparaître sous le drapeau de sa foi religieuse. Depuis plusieurs siècles , les indigènes avaient toujours vu leur pays attaqué, non par telle ou telle nation, mais par des chrétiens, qu'ils fussent Espagnols, Portugais ou Italiens.

Dans cet ordre d'idées , pour toucher plus directement la fibre populaire, Abd-el-Kader dut choisir ses lieutenants et ses principaux agents parmi les personnages de la noblesse religieuse; il emprunta les formules mentionnées dans les livres sacrés pour gouverner ; les impôts ordinaires et extraordinaires reçurent des dénominations puisées dans le Koran. Lui-même prit le titre de *commandeur des croyants* :

Emir el Moumenin ; il désigna des hommes probes
et éclairés pour rendre la justice dans chaque tribu.
La ferveur religieuse amena une grande sollicitude
pour l'instruction publique ; les chefs étant presque
tous des marabouts, ils ne pouvaient négliger les
mosquées et les écoles que le livre saint a si hautement glorifiées. Il organisa des troupes régulières à
pied et à cheval, créa des arsenaux, bâtit des forte-
resses. Qui peut dire ce que cet homme illustre eût
fait pour la création d'un gouvernement régulier
et pour donner la vie à la nationalité algérienne !
La guerre, avec ses besoins d'argent sans cesse
renaissants, avec ses péripéties diverses, avec les
calamités qu'elle entraînait après elle, l'absorba
tout entier et dévora vite les forces du pays. Lorsqu'on songe à l'énergie de la résistance qu'il nous
a opposée, à l'exiguïté de ses ressources, à l'effectif
restreint de ses troupes régulières, sans instruction
militaire, sans armement, sans officiers, sans mu-
nitions assurées, on ne peut s'empêcher d'admirer
ce peuple guerrier et le chef qu'il avait placé à sa
tête. Le secret de l'influence que nos officiers ont
prise sur les indigènes s'explique par cette lutte
longue et acharnée. En combattant les uns contre
les autres, Français et indigènes ont appris à s'estimer réciproquement. La politique romaine s'écriait :
Malheur aux vaincus ! A l'armée française appartient

ce mot du cœur : *Honneur au courage malheureux !*

La puissance d'Abd-el-Kader avait son foyer principal dans la province d'Oran ; elle s'était étendue dans la province d'Alger ; elle toucha à peine la partie occidentale de la province de Constantine et la lisière de son Sahara. Tout le pâté montagneux compris entre Dellys et Philippeville ne put être entamé. Il n'y avait plus la même communauté de souffrances dans le passé. Chez ces montagnards, les intérêts individuels dominaient les intérêts collectifs.

Lorsque les tribus firent leur soumission à la France, nous conservâmes à chaque contrée son organisation. Les provinces d'Oran et d'Alger gardèrent les dénominations et les circonscriptions établies par Abd-el-Kader, tandis que la province de Constantine resta à peu près constituée comme du temps de la domination turque. L'Algérie était donc ainsi organisée au moment où notre influence commençait à s'exercer sur sa population. Dans tout le Tell, le douar, la ferka et la tribu ; à l'ouest et au centre, l'organisation administrative d'Abd-el-Kader, avec ses formes et ses noms religieux ; à l'est, le système turc ; au sud et dans les contrées les plus éloignées de nos centres d'action, les grands feudataires maintenus ; ici, la noblesse militaire (les Ouled-Mokran, les Ben-Ganah, les Ben-Achour, les Ben-Saïd, etc.) ; là, la noblesse religieuse (les Ouled-Sidi-Cheikh, les Ben-Aly-Chérif, les Ben-Azzedin, les Ouled-Sidi-Laribi, les Ouled-Embarek, etc.).

Les Kabyles du littoral méditerranéen méritent une mention spéciale. La plupart n'avaient jamais obéi ni aux Turcs, ni à Abd-el-Kader. En les rangeant sous notre domination, nous respectâmes leur organisation. Le massif montagneux du Djurdjura, entre Dellys et Bougie, fut toujours le centre de l'indépendance kabyle. Là, le *gourbi*, maison ou cabane de chaume, a remplacé la tente; au lieu du douar, nous trouvons le village (*dechera*); plusieurs villages composent une *kharouba*, fraction de la tribu. La population est fixée au sol; elle est laborieuse, obligée de lutter contre de grandes difficultés pour assurer son existence; les individualités s'accusent plus fortement; les intérêts collectifs sont moins puissants; la constitution politique a un caractère démocratique très-tranché. Le village est la base de l'organisation; tous les chefs sont à l'élection : ce ne sont plus des commandants militaires, mais de véritables magistrats municipaux. Le maire du village, *amin*, n'a que des pouvoirs limités; il est l'agent de là djemaa qui délibère sur les affaires et décide souverainement. Elle est composée des notables et rend la justice civile, commerciale et correctionnelle, d'après des codes (*kanoun*) particuliers pour chaque tribu. Dans les occasions solennelles, tous les hommes en état de porter

les armes prennent part à la délibération. Les décisions sont rendues par acclamations. Chaque village
a son autonomie, et ce n'est qu'exceptionnellement
qu'il reconnaît l'autorité d'un chef de tribu, Amin-el-
Oumena, élu par les amins. Lorsque la guerre éclate,
on proclame un chef, sorte de dictateur, pour commander ; la guerre finie, chaque confédéré reprend
sa liberté d'action.

On a préconisé cette organisation comme le proto-
type de la démocratie républicaine. On n'y avait pas
regardé d'assez près, car on a bientôt reconnu que les
divisions sont poussées à l'infini : un même village
a quelquefois un amin pour chaque quartier, et la
guerre civile se fait de quartier à quartier; les élections
sont souvent l'occasion de rixes sanglantes. Si la K·-
bylie est un exemple, c'est pour nous enseigner le
danger du morcellement à l'infini des intérêts sociaux.

On maintint la division de l'Algérie en trois provinces, à la tête desquelles furent placés des généraux; les provinces furent partagées en subdivisions
militaires, répondant au commandement des khalifas
d'Abd-el-Kader ; les subdivisions se composèrent de
cercles comprenant un ou deux aghaliks. Les officiers
français commandant ces diverses circonscriptions
territoriales étaient investis des pouvoirs administra-
tifs sur les indigènes, et ceux-ci restèrent soumis à
leurs kaïds, cheikhs, amins, etc.

Les rouages étant conservés, nous avions une action plus directe à exercer sur les principes et les dispositions de l'administration. La première question qui se présentait était celle des impôts, la plus délicate partout à régler. Le payement de l'impôt est, en effet, chez les indigènes, le témoignage le plus manifeste de la sujétion. Continuant à se placer au sage point de vue d'éviter les complications par des innovations prématurées, l'autorité militaire ne toucha pas, malgré de notoires imperfections, au système d'impôt qu'il trouva établi dans chaque province ; elle s'appliqua seulement à coordonner les opérations relatives à l'assiette, la répartition et la perception. Il fallut nécessairement recourir encore aux agents indigènes pour les recensements et la collection ; mais des officiers français furent chargés de contrôler sérieusement leurs opérations. Les ordres pour l'impôt spécifièrent la part due par chaque fraction de tribu ; dans les cercles les plus rapprochés de nos centres d'occupation, on établit même des états où on indiquait les cotes individuelles. Le contribuable se mit en relations directes avec nos agents financiers pour les versements, et s'habitua à réclamer un récépissé régulier. Les charges furent plus également réparties ; chacun sachant ce qu'il avait à payer, le chef indigène ne put, comme autrefois, percevoir trois ou quatre fois la valeur de la contribution de-

mandée par l'État et en détourner la majeure partie
à son profit. Les revenus du Trésor montèrent rapidement de la somme de trois millions à celle de quinze
millions de francs, sans que la situation du contribuable eût été aggravée.

Une utile amélioration fut introduite. Un arrêté mi-
nistériel, rendu le 30 juillet 1855, régularisa le mode
de perception, d'emploi et de comptabilité des taxes
supplémentaires que les indigènes des tribus s'impo-
saient annuellement, dans le but de pourvoir aux dépenses d'utilité commune. Des centimes additionnels
furent ajoutés au principal de l'impôt pour être recou-
vrés dans les mêmes formes et aux mêmes époques
que l'impôt principal, sans pouvoir en dépasser le
dixième; ils sont consacrés intégralement et exclusivement aux dépenses d'utilité commune spéciales aux
tribus de chaque subdivision militaire. Les receveurs
des contributions diverses encaissent ces fonds. Le
service du génie, en ce qui concerne les travaux, et
les intendants militaires, pour les frais d'administration, sont ordonnateurs secondaires. Les comptes relatifs au recouvrement, à l'emploi des sommes, sont
transmis annuellement à la Cour des comptes. Les
règles de la comptabilité des communes sont applicables aux centimes additionnels. Les dépenses imputa-
bles sur ce budget sont celles qui sont payées en France
par les budgets départementaux et communaux. La

répartition en est arrêtée par le ministre sur la proposition des généraux commandant les divisions territoriales. Il était impossible qu'il en fût d'abord autrement; les indigènes ne pouvaient encore avoir des représentants régulièrement élus pour l'administration directe de leurs intérêts. Les progrès ultérieurs permettront de séparer les dépenses communales de celles relatives à l'intérêt départemental, et d'admettre les contribuables à exercer une action sur la répartition et le contrôle des dépenses.

Les indigènes se sont toujours montrés empressés à concourir aux travaux d'utilité publique exécutés dans les tribus; mais, avant l'établissement des centimes additionnels, ces travaux se faisaient au moyen de cotisations volontaires trop souvent recueillies d'une manière arbitraire; les fonds étaient versés dans une caisse tenue par le bureau arabe; l'emploi des sommes n'était pas contrôlé d'une manière régulière; des abus regrettables avaient été signalés, et on avait vu certaines tribus payer en cotisations, dites volontaires, des sommes supérieures à celles réclamées par l'État à titre d'impôt. Rien de cela ne peut plus se produire; l'institution nouvelle fonctionne avec toutes les garanties d'ordre et de probité désirables. Les bureaux arabes ont été déchargés d'un grand souci: le règlement et l'emploi des cotisations volontaires leur suscitaient des embarras et des peines excessives;

trop souvent ils ne recueillaient pour récompense de leurs efforts et de leur zèle que le soupçon et la calomnie.

Un grave reproche a été formulé récemment contre l'emploi des centimes additionnels, tel qu'il est réglé par les autorités françaises. Les crédits les plus importants, dit-on, sont alloués pour des dépenses d'administration dont quelques-unes devraient incomber à l'État, et pour des travaux d'un intérêt plus direct pour les Européens que pour les indigènes. On voudrait que les écoles, les mosquées, les travaux d'utilité communale fussent plus largement dotés. Le budget des centimes additionnels est le véritable budget du progrès ; il a, à ce titre, un caractère sacré qui devrait le préserver des emprunts qu'on lui fait quelquefois pour satisfaire à des besoins étrangers. On cite, à l'appui de ce reproche, une forte somme prélevée sur ce budget pour être prêtée, puis abandonnée, à un chef indigène, comme récompense d'anciens services rendus. L'État a fait payer une dette qui lui était personnelle par la caisse des centimes additionnels (1). L'initiateur a ici exploité sans vergogne son initié. Des tentatives ont été faites pour attribuer aux conseils généraux, où les indigènes ne comptent que deux mem-

(1) Ce don bénévole semble n'avoir eu pour but que de tromper l'État lui-même, car vers la même époque, un document public affirmait que ce même personnage possédait pour plus de 50,000 fr. de bestiaux, et disposait de plus de 80,000 fr. Il est vrai qu'on n'avait rien dit de son passif.

bres sur vingt-cinq, l'administration des centimes additionnels; ce projet de spoliation avait été ajourné. Il n'est plus à craindre aujourd'hui pour les territoires militaires, après les paroles de l'Empereur en faveur des indigènes ; on se contentera sans doute de disposer des centimes additionnels payés par les indigènes du territoire civil (1).

Un des côtés les plus favorables du progrès accompli, en ce qui touche l'impôt, consiste à demander au contribuable de s'acquitter en numéraire, au lieu de faire des prélèvements en nature. L'avantage n'a pas

---

(1) Voici un extrait du budget des recettes du département d'Alger, présenté à la dernière session du conseil général :

1° Secours accordés sur les bonis de l'ancien budget local et municipal... 650,000 fr.

2° Part attribuée sur le produit de l'impôt arabe (4/10es) et amendes arabes.. 1,750,000

3° 1/5° du produit de l'octroi de mer...................... 250,000

4° Attribution sur le fond commun....................... 200,000

5° Restant libre de 1859................................ 40,000

6° Autres produits..................................... 157,404

Ensemble.......... 3,047,404 fr.

De l'aveu du préfet, les populations arabes, kabyles et sahariennes fournissent l'impôt et la population européenne le consomme. Il a trouvé cette formule naïve pour exprimer l'exploitation de l'indigène par l'Européen. Dans la province d'Alger l'Européen est entretenu par l'Arabe à raison de 50 fr. par tête; à Oran, à raison de 29 fr.; à Alger, l'Européen ne reçoit que 18 fr. De là des plaintes amères contre le peu d'équité de cette répartition. Comment un conseil général nommé par l'administration, ne pouvant disposer que des fonds de subvention donnés par l'État, ne voulant pas payer d'impôt, peut-il compter pour une institution sérieuse? Comment serait-il autre chose qu'un instrument dont l'administration peut faire usage beaucoup plus pour imposer ses idées et ses projets que pour connaître la véritable opinion publique ?

été moins grand pour le Trésor que pour les indigènes, qui avaient souvent des transports à faire à de longues distances : les versements exigeaient plus de temps et donnaient lieu à d'incessantes contestations.

Les centimes additionnels ont aussi affranchi le contribuable d'une foule de petites redevances, soit en argent, soit en nature, que les chefs indigènes lui demandaient à toute occasion et sous le moindre prétexte. Ces chefs, si on en excepte les grands dignitaires, khalifa, bach-agha et agha, ne reçoivent pas de traitement fixe. Comme rémunération de leurs fonctions, ils jouissaient de certaines immunités et de certains droits dont l'origine était fort ancienne. Au moment de leur investiture, ils percevaient un droit d'aubaine et de joyeux avénement dont le taux et la répartition étaient indéterminés ; la tribu fournissait à son kaïd une tente, un cheval harnaché et toute une installation complète : tapis, nattes, etc., y compris même une esclave noire. S'il se mariait, s'il faisait circoncire son fils, à l'occasion de toutes les fêtes de famille, c'étaient autant de motifs pour rançonner ses administrés. A l'époque des labours, chaque charrue lui devait trois jours de corvée, autant pour la moisson, autant pour le transport de ses grains, puis des œufs, des volailles, du bois, du beurre, des agneaux, etc. Toutes les saisons avaient leurs redevances particulières. Lors de la perception des impôts, il faisait payer un dixième en sus comme frais de perception. S'il écrivait un ordre ou une simple lettre à un de ses administrés, celui-ci devait payer le courrier, l'hospitaliser et nourrir son cheval. Les centimes additionnels ont permis d'abolir la presque totalité de ces priviléges vexatoires. On n'a conservé que le droit aux corvées; dans beaucoup de localités, pourtant, il a été supprimé, et le dixième de l'impôt, représentant les frais de perception, constitue la seule rétribution des chefs. Mais, au lieu de prélever ce dixième en sus de l'impôt, comme cela se pratiquait autrefois, l'État le déduit du montant brut encaissé. Des pas décisifs restent à faire : rétribution fixe et régulière de tous les chefs et cotes individuelles pour tous les contribuables. Le temps amènera ces progrès : le passé, à cet égard, nous répond de l'avenir.

L'influence française devait se faire sentir d'abord dans les choses de la guerre. Les indigènes sont habitués à porter les armes dès l'âge le plus tendre ; ils sont naturellement très-braves et ne comptent jamais avec le danger. La vie nomade, avec ses mille accidents imprévus, a développé chez eux l'intelligence pour l'attaque et la défense, et leur respect pour l'autorité les rend facilement disciplinables. Les Kabyles, tous les montagnards en général, et une partie de la population du Sahara, auraient pu fournir d'excellents fantassins. Quant aux cavaliers, on

aurait pu les recruter indistinctement partout, aussi
bien parmi les Berbères, descendants des Numides,
que parmi les Arabes originaires du Hedjaz, patrie
du cheval. Cependant, avant la prise d'Alger, il
n'existait pas de troupes indigènes régulières; les
Turcs n'admettaient pas les Algériens dans leur infanterie. Les premières troupes indigènes à pied
furent organisées par le bey de Constantine après
1830, puis par Abd-el-Kader. Les Turcs n'avaient
pas de cavalerie régulière; ils n'employaient que les
contingents des tribus et les makhzen, dont nous allons parler bientôt. Abd-el-Kader avait formé une cavalerie. Il est important de noter que ces essais ont
été postérieurs à l'organisation de nos troupes indigènes.

En fondant les beyliks de Médéah, d'Oran et de
Constantine, les Turcs cherchèrent des auxiliaires
dans la population même, pour consolider leur administration naissante; ils instituèrent auprès des trois
chefs-lieux, des colonies, sous la tente, composées de
cavaliers d'élite qui leur devaient le service militaire.
Cette cavalerie prit le nom de *makhzen*. Voici de
quelle manière se formèrent ces tribus. Sur un territoire situé à proximité de leur capitale, les beys ap-
pelèrent les hommes de bonne volonté qui voulaient
se dévouer à leur service. Ces cavaliers arrivèrent
avec leur tente, leur famille et leurs troupeaux; on

donna des armes et des chevaux à ceux qui en man-
quaient, et on leur assigna des terres pour labourer,
avec le privilége de ne pas payer d'impôt, ou de ne
payer qu'un impôt très-réduit. Ces appels, adressés
aux tribus les plus guerrières, transformèrent en
auxiliaires du pouvoir les cavaliers les plus ardents
autrefois dans les révoltes. Les tribus makhzen reçurent le nom de *zmala*, de *zemoul*, de *deira* ou de
douair, c'est-à-dire ceux qui entourent, qui ac-
compagnent. Sur un ordre du bey, le makhzen mon-
tait à cheval, soit pour châtier des rebelles, soit pour
faciliter l'exécution des mesures administratives, ou
pour percevoir l'impôt chez les tribus récalcitrantes.
Pour chaque cinquante cavaliers environ, on nommait un chef qui n'exerçait qu'une autorité purement militaire.

Dans la province de Constantine, et surtout dans
celle d'Oran, ces cavaliers jouissaient d'un grand re-
nom; ils avaient le privilége de fournir la plupart des
kaïds appelés au commandement des tribus les plus
importantes. Outre cette cavalerie, les Turcs convo-
quaient, lorsqu'il s'agissait d'opérations militaires sérieuses, les contingents des tribus (goum), comprenant tous les hommes valides possédant un cheval et
des armes. Ces contingents devaient emporter des
provisions, et vivaient sur le pays lorsqu'elles étaient
épuisées.

Cet état de choses fut modifié par la conquête. Nous ne pouvions maintenir une organisation militaire si contraire à nos institutions et où subsistaient encore les restes de l'esprit féodal. C'est du lendemain en quelque sorte de la prise d'Alger que date la première formation de troupes indigènes au service de la France (1). Un corps de fantassins fut d'abord créé et prit le nom de zouaves, nom francisé de la tribu kabyle du Djurdjura, les Zouaoua, parmi lesquels se recrutaient les soldats à pied du bey de Tunis. On accueillit dans cette troupe les débris de l'infanterie turque qui n'avaient pas émigré en Orient, des Kabyles et les indigènes des tribus qui se présentèrent. Un corps de cavalerie fut également organisé et reçut le nom de chasseurs algériens. Cette première formation des troupes indigènes procéda par tâtonnements, et arriva, par des modifications successives, à une constitution régulière (2). Les zouaves et les

(1) Arrêté du général Clauzel en date du 1er octobre 1830.

(2) 11 janvier 1831. Création des gendarmes maures. — 24 juin 1833. Organisation des spahis-el-Fahs.— 10 juin 1835. Formation d'un corps de spahis à Bone.—7 décembre 1841. Création de 20 escadrons de spahis. — 21 juillet 1845. Réorganisation en 3 régiments.

5 juillet 1840. Création d'un bataillon de tirailleurs indigènes à Constantine. — 7 décembre 1841. Organisation de l'infanterie indigène en 3 bataillons (un par province).— 16 octobre 1855. Formation de 3 régiments.

Tant que les soldats indigènes ont été confondus avec les soldats français, cette troupe mixte n'a pas eu une grande valeur; mais, lorsqu'on les a séparés, en ne mettant les Français en contact avec les indigènes que comme chefs, zouaves et tirailleurs sont devenus des soldats d'élite. Cette leçon ne doit pas être perdue pour ceux qui veulent appliquer sans préparation aux indigènes nos institutions et nos lois.

chasseurs algériens devinrent des corps entièrement français par l'élimination de l'élément indigène. On forma de nouveaux corps indigènes, où entrèrent un très-petit nombre de soldats français, pour servir d'ordonnance aux officiers et pour occuper les places de maréchaux-ferrants et autres emplois spéciaux auxquels les indigènes n'étaient pas aptes. Les caporaux, brigadiers, sergents, maréchaux-des-logis, sous-lieutenants et lieutenants, furent pris moitié parmi les indigènes et moitié parmi les Français, quoiqu'il n'y eût plus de soldats français. Les fantassins reçurent le nom de tirailleurs indigènes, les cavaliers celui de spahis. Il existe aujourd'hui trois régiments de tirailleurs indigènes et trois régiments de spahis, formant un effectif d'environ 10,000 hommes. Ce chiffre, dans une armée de 65,000 hommes, n'est pas assez élevé pour justifier les craintes des personnes qui ont pensé que nos troupes indigènes pourraient un jour se révolter, comme les cipayes de l'Inde anglaise, et prêter leur concours à une insurrection générale.

Les tirailleurs indigènes et les spahis nous rendent de très-grands services pour la domination de l'Algérie. Nous ne parlons pas seulement de leur bravoure sur le champ de bataille et de leur valeur comme troupes régulières : la brillante part qu'ils ont prise à nos succès en Crimée et en Italie nous dispense de tout développement à cet égard; mais le rôle éclatant qu'ils ont joué dans les guerres européennes n'est qu'un épisode de leur vie militaire: leur utilité est de tous les jours en Algérie. Ils occupent des postes avancés où l'acclimatation serait trop dure pour les soldats français; les spahis fournissent aux bureaux arabes plus de six cents cavaliers, qui remplissent dans le territoire militaire les fonctions de la gendarmerie, et sans lesquels l'administration des tribus serait impossible.

Nos troupes indigènes nous ont toujours servi avec une inébranlable fidélité. Au milieu des épreuves les plus critiques, pendant la guerre contre les tribus ou lors des insurrections les plus formidables, un très-petit nombre seulement a déserté; on peut même dire qu'il n'y a pas eu une seule désertion dans la province de Constantine. Ce résultat est dû à la liberté qu'on laissait aux soldats indigènes de se marier et de vivre dans leur famille, lorsqu'ils rentraient dans les garnisons. Affranchis du régime étroit de la caserne, les membres de leur famille étaient autant d'otages qui répondaient de leur fidélité pendant la guerre et de leur bonne conduite dans les garnisons. Quelques gouverneurs des provinces protégeaient hautement les indigènes engagés au service de la France, leur accordaient des faveurs et des immunités, et faisaient sentir à tous l'avantage d'être rattaché à la famille militaire française.

L'effectif élevé de notre armée, l'adjonction des troupes indigènes, le grand nombre de postes permanents établis pour assurer notre domination, nous permirent de renoncer au système des tribus militaires qui aidaient les Turcs à exploiter les autres tribus. Si les douair, les zmela, les zemoul, les deira, les abid, continuèrent à monter à cheval pour suivre nos opérations de guerre, ils n'eurent plus de rôle administratif à remplir. Nos idées d'égalité et de justice ne pouvaient admettre ces castes militaires, espèces de janissaires arrogants, pillards, traitant les tribus comme des sujets taillables et corvéables. Toutes les fois que nous eûmes recours à eux, dans les premiers temps de l'occupation, pour gouverner les indigènes, ils nous entraînèrent à des actes violents, tels qu'ils les avaient pratiqués sous les Turcs. L'administration de la province d'Oran a toujours été plus sévère que celles des provinces d'Alger et de Constantine; nous sommes convaincu qu'il faut l'attribuer à l'influence et au concours des tribus makhzen, qui ont été plus larges dans l'ouest que partout ailleurs. Elles se sont montrées très-braves et très-fidèles; Abd-el-Kader n'a jamais pu les détacher de nous; elles étaient pour ainsi dire inféodées au dominateur étranger, quel qu'il fût; elles méprisaient trop les autres tribus pour faire cause commune avec elles; d'autre part, les makhzen étaient l'objet d'une haine universelle que leur rôle n'explique que trop bien.

On peut aujourd'hui avouer que le système turc, vanté par les tribus militaires, a eu aussi ses partisans parmi quelques administrateurs français. Il nous suffira de citer le massacre de la tribu d'El-Oufia (province d'Alger), les exécutions nombreuses faites dans les prisons en 1831 (province d'Oran), quarante-quatre têtes coupées sans jugement en 1841 (province de Constantine). Hâtons-nous d'ajouter que cette violence n'a pas trouvé d'imitateurs, qu'elle a été vivement blâmée par l'opinion publique, et qu'aujourd'hui les procédés envers les indigènes sont bienveillants et équitables. La France ne pouvait se mettre à la remorque des Turcs pour apprendre à gouverner.

Les goum, contingents des tribus, nous prêtent des ressources précieuses pour nos expéditions; ils sont commandés par les officiers des bureaux arabes. Cette cavalerie, qu'on pourrait appeler de la garde nationale mobilisée, n'a pas la solidité et l'entrain des spahis; mais son concours est utile pour éclairer nos colonnes, pour exécuter des razzias, pour poursuivre des rebelles et fouiller le pays. Dans plusieurs circonstances, les officiers des bureaux arabes ont pu réprimer des troubles, arrêter des agitations en se mettant à la tête des goum, sans l'assistance des troupes régulières françaises. En suivant nos soldats dans les opérations de guerre, les goum se sont familiarisés avec notre manière de combattre ; leur courage a changé de forme.

On sait que les cavaliers des tribus ne chargent jamais le sabre à la main, comme nos escadrons ; ils s'arrêtent ordinairement à une portée de fusil de l'ennemi, déchargent leur armé et rebroussent chemin pour recharger. Leurs combats ne sont à proprement parler que des escarmouches ; ils ne sont pas très-meurtriers. Il n'est pas rare, aujourd'hui, de voir nos goum charger l'ennemi par masses et l'aborder le sabre et le pistolet au poing. Dans un combat livré le 23 juin 1860, par des tribus algériennes à des Marocains, ceux-ci ont été tellement étonnés de cette nouvelle manière de combattre, qu'ils n'ont pas tardé à se rompre et à prendre la fuite. Ces tribus étaient conduites par deux brigadiers indigènes de spahis ; pas un soldat, pas un officier français n'était présent. Des contingents sont aussi demandés par nous aux Kabyles et aux villages du Sahara : ce sont des fantassins dont nous avons toujours tiré un très-bon parti. Lors de la grande expédition contre la Kabylie du Djurdjura, en 1857, nous avons pu employer des auxiliaires kabyles dès le lendemain des combats qui nous avaient ouvert les montagnes des Beni-Raten. C'était pour nous un grand avantage d'avoir affaire à ces petites républiques divisées à l'infini. La patrie, la nationalité, pour un Kalybe, ne doit pas signifier beaucoup plus que son village et ses alliés

L'admission des indigènes dans nos troupes régulières a été pour eux un puissant moyen de civilisation. L'armée est une excellente école. Ceux qui ont servi dans les tirailleurs ou dans les spahis, ont pris des habitudes d'ordre, de discipline et de propreté qu'ils importent dans leurs familles. Comme la plupart des soldats indigènes sont mariés, la femme et les enfants se ressentent de la nouvelle vie du chef de famille. Si un petit nombre seulement apprend notre langue, tous se familiarisent avec le vocabulaire du commandement, comprennent rapidement les ordres et devinent la pensée de leurs chefs. La perspective de l'avancement, quelque limité qu'il soit, et l'espoir de la pension de retraite, les initient à des pensées d'avenir et de prévoyance étrangères à la nature des musulmans. On peut choisir en toute sûreté, parmi nos troupes indigènes, les cheikhs et les kaïds pour commander les tribus. Ils savent faire un rapport sur un fait auquel ils ont assisté, rendre compte de ce qu'ils ont vu, exécuter ponctuellement un ordre, se conformer à une instruction et garder une consigne. La vie militaire les ayant habitués à la régularité de la comptabilité, il y a plus de chances de trouver parmi eux des agents probes.

Il est triste que ces indications, qui sortent des faits et de la situation, soient rarement écoutées. Les candidats étrangers à l'armée triomphent plus d'une fois par l'intrigue, même en territoire militaire; on préfère, pour commander des tribus essentiellement guerrières, des citadins qui n'ont jamais combattu, ou bien on choisit des fils de nobles, qui profitent du pouvoir pour réparer leur fortune ébréchée par leurs débauches. Quant au territoire civil, l'antagonisme contre l'autorité militaire a tellement faussé le jugement, qu'aux indigènes qui ont servi dans nos rangs on préfère pour les emplois de cheikh et de kaïd, des domestiques, des fils de marchands qui peuvent à peine se tenir à cheval, des jeunes gens imberbes, illustrés par les vices de notre civilisation.

Les modifications apportées au régime militaire de l'Algérie ont diminué beaucoup la prépondérance de l'aristocratie militaire, de même que les réformes opérées dans l'instruction publique et les cultes ont amoindri l'influence de l'aristocratie religieuse. C'est ici le lieu de redresser l'erreur qui représente les indigènes comme des adorateurs serviles de l'aristocratie. L'islamisme est, comme le christianisme, la religion de l'égalité. C'est en Orient qu'on rencontre les plus fréquents exemples d'individualités surgissant tout à coup de l'obscurité et soutenant avec une grande dignité l'éclat et les devoirs des plus hautes positions.

Les parvenus, dans le sens fâcheux du mot, sont rares parmi les musulmans. Ce qu'on a pris pour l'amour de l'aristocratie, n'est que le respect de l'autorité. Dans une société fondée sur la force, où aucun pouvoir public ne fait contre-poids à la violence des individus, il est nécessaire d'avoir des alliés ou des patrons. La force, le succès, voilà les divinités autour desquelles se pressera la foule. Que le descendant de la plus illustre famille perde de son pouvoir, son prestige diminue aussitôt; il aura droit encore à des égards, mais on ira vers l'homme nouveau qui fait preuve d'énergie, de courage et qui a la puissance. Dans l'extrême civilisation comme dans les sociétés voisines de l'anarchie, on se trouve en présence de la théorie du succès.

Nous n'avons pas parlé, en traitant de la justice, d'une mesure importante prise par l'administration relativement au rachat des crimes par une somme d'argent, appelé chez les Arabes *dia* (prix du sang); on ne trouve cette réforme écrite dans aucun document officiel des actes du gouvernement; elle a fait l'objet d'une instruction du ministre de la guerre, alors que l'Algérie relevait à son département. Le ministre fit connaître que les conseils de guerre, chargés de la répression des crimes en territoire militaire, ne devaient pas arrêter l'instruction, lorsque le meurtier avait, conformément à la loi musulmane, désin-

téressé la famille de la victime. La *dia* devait être
considérée comme une transaction privée, qui stipu-
lait la renonciation à la demande de dommages et
intérêts; elle ne pouvait, en aucun cas, éteindre l'action criminelle, intentée au nom de la société. Le pouvoir tutélaire de la loi se révélait dans toute sa puissance et dans toute son équité à ces populations chez
lesquelles la richesse et la force foulaient impunément
aux pieds, la vie et les droits des faibles et des
pauvres.

La conquête par les armes étant achevée en 1846,
on a senti la nécessité de régler la question de propriété, aussi bien dans le but d'asseoir la société indigène que pour reconnaître les ressources du domaine de l'Etat. Des études sérieuses avaient été
faites par des écrivains compétents. Le gouvernement
dirigea lui-même une enquête, soit dans une commission composée de toutes les notabilités algériennes et
siégeant auprès du ministre de la guerre, soit dans
le conseil d'Etat.

La commission de l'Assemblée nationale chargée
d'examiner le projet de loi proposé par le gouvernement se livra de son côté à un examen approfondi.
De ces études et de ces enquêtes il est ressorti pour
nous que l'assiette de la propriété en Algérie était
beaucoup plus une question de fait et d'histoire
qu'une question de droit résolue par la loi. Les écri-

vains qui ont cherché dans le Koran l'origine du droit
de propriété ont cru trouver la base de ce droit dans
le texte suivant : « La terre appartient à Dieu. » Or,
le chef de l'Islam étant le représentant de Dieu sur la
terre, toutes les terres lui appartiennent, et les occu-
pants n'ont qu'un droit de jouissance.

Cette interprétation du Koran nous paraît un peu
arbitraire. Le texte se rapporte plutôt à la dispensa-
tion des royaumes entre les différentes races et les
diverses dynasties qu'à la pensée d'une possession
du sol. Une pareille vérité n'avait pas besoin d'être
écrite dans un livre où l'infinie puissance de Dieu est
célébrée presque à chaque ligne. Si toutes les terres
avaient appartenu au souverain, il aurait aussi bien
possédé celles de l'Arabie que celles des pays conquis ; mais le droit de propriété individuelle a toujours été reconnu, même au profit des juifs et des
chrétiens, dans la péninsule arabique. Les traditions
arabes attribuent au khalife Omar, deuxième succes-
seur du Prophète, deux anecdotes semblables à celle
du moulin de Sans-Souci, l'une à Yambo, en Arabie,
l'autre au Caire. La résistance des propriétaires juifs
et chrétiens fit modifier des plans arrêtés pour la
construction de deux mosquées.

Est-ce à dire que le droit de propriété était sacré
chez les musulmans ? Non, sans doute, puisque le souverain pouvait confisquer les biens, exiler ou mettre

à mort les propriétaires sans jugement. Sous le régime du pouvoir absolu, il n'y a pas de droit. Pour se mettre à l'abri de la confiscation, beaucoup de familles firent donation de leurs propriétés aux mosquées, en se réservant la jouissance jusqu'à l'extinction de leur descendance. Le souverain respectait ce patrimoine du pauvre et de la religion ; cependant plus d'une fois les usufruitiers furent subitement supprimés. On vit même en Egypte Mohammed-Ali réunir au domaine public, par une sorte de coup d'Etat, tous les biens substitués aux établissements religieux.

Ne pouvant prouver la possession par le souverain de toutes les terres dans les provinces de l'Arabie qui ont servi de berceau à l'islamisme, on a essayé de trouver dans la conquête la justification de ce droit. Là encore les faits sont en contradiction avec cette théorie absolue.

Lorsqu'une armée musulmane pénétrait dans une contrée, le général devait d'abord sommer les habitants, ou d'embrasser l'islamisme en conservant leurs propriétés et leur liberté, ou de se soumettre en payant un tribut : dans ce cas, ils gardaient leur religion et même leurs institutions municipales, ils devenaient des dimmî (sujets) ; chacun restait dans sa propriété ; la capitation était considérée comme le rachat de la liberté et des biens. Si les habitants aimaient mieux courir la chance des combats, après avoir été vaincus, ils perdaient leurs biens et leur liberté. Les prisonniers de guerre et le butin, mis en commun, étaient partagés, d'après les instructions du Prophète, entre les combattants et l'État. Le territoire devenait propriété commune de l'Islam, et le khalife en avait la disposition ; il en faisait la distribution aux musulmans qui demandaient à s'établir dans le pays. Lorsque ces colons restaient trois ans sans cultiver la terre, elle faisait retour à l'État ; mais s'ils l'appropriaient, ils en conservaient la propriété et la transmettaient à leurs héritiers. Ici encore le seul droit absolu que l'on rencontre est attribué non au souverain, mais à la communauté musulmane : le souverain n'a que l'administration des terres conquises. Il est certain que le pouvoir autocratique confié aux chefs de l'islamisme les entraîna bientôt à user et à abuser des terres de conquête : c'était le fait et non le droit. Un des rois de France, enivré par le despotisme, a bien pu dire : « L'Etat, c'est moi, et « je suis le propriétaire légitime de tous les biens de « mes sujets. »

Si on applique à l'Algérie les considérations que nous venons d'exposer, on se convaincra qu'il est très-difficile de démêler les bases du droit de propriété. Il est probable que la majeure partie de l'Afrique septentrionale a été terre de conquête ; cependant on rencontre, même de nos jours, beaucoup de familles qui font remonter leurs titres de propriété jusqu'à la conquête, comme s'étant soumises sans combattre et ayant embrassé l'islamisme. Ce fait ne peut pas être considéré comme exceptionnel autour des villes et des colonies fondées par les Romains et les Byzantins. Quant aux tribus berbères de l'intérieur, sait-on à quel titre elles possédaient? Quoi qu'il en soit, l'état de choses résultant de la conquête fut bientôt modifié par les troubles qui agitèrent le pays. Avant même l'apparition des dynasties berbères, les descendants des fatimites, s'appuyant sur les populations de l'ouest, s'emparèrent de tout le nord de l'Afrique : c'était un courant en sens inverse de celui qui avait amené les Arabes de l'Orient. Puis vint l'immense ravage des tribus arabes, au xie siècle de notre ère ; puis les Almarovides et les Almohades, partis également de l'ouest, et étendant leur domination jusqu'aux confins de l'Egypte.

Si à ces deux dynasties principales l'on ajoute l'intronisation successive de celles des Zirites, des Beni-Restem, des Beni-Hammad, des Beni-Ziou, des Beni-Merin, des Beni-Hafs, des Beni-Ifren, etc., etc., on pourra se rendre compte des modifications profondes et radicales que le classement des propriétés a dû subir. Chaque prétendant nouveau s'appuyait sur une ou plusieurs des grandes tribus de race berbère, ou sur les Arabes de l'invasion ; les vaincus étaient obligés de fuir devant le vainqueur. Des tribus sorties des déserts du sud du Maroc arrivaient aux environs de Bougie, ou étaient refoulées jusqu'à la zone la plus orientale de la Tripolitaine; celles-ci passaient de l'est à l'ouest; celles-là du midi au nord. La propriété urbaine fut certainement fortement ébranlée par les confiscations; pour la propriété rurale, la révolution fut radicale : elle dut changer incessamment de maître, et l'occupant, peu rassuré sur le droit précaire que la victoire lui donnait, ne se considéra bientôt plus que comme un usufruitier.

Ce court exposé nous expliquera l'état, non pas du droit de propriété, mais de la possession du sol, au moment où notre domination a été substituée à celle des Turcs. Il existait un domaine public, composé des propriétés confisquées et des terres apanagées à certains fonctionnaires; les mosquées possédaient des terrains peu étendus autour des centres de population. Dans les villes, la propriété individuelle était connue, sinon protégée comme en France; quelques familles possédaient des biens ruraux, et, pour ne pas être confondues avec les apanagés ou avec les biens substitués, elles faisaient viser leurs titres de propriété à l'avénement de chaque nouveau gouverneur de la province. Quelques tribus, principalement dans l'ouest et dans les contrées montagneuses, étaient propriétaires de leur territoire, soit

7

qu'elles l'eussent acheté de l'autorité turque, soit
que leur droit remontât plus haut; mais, dans les
vastes plaines de l'est, dans les régions d'un accès facile, les tribus n'occupaient leur territoire qu'à titre
de jouissance; elles étaient campées sur le théâtre
de la lutte, sur le passage des masses qui fuyaient
ou qui envahissaient. Le fait avait remplacé le droit.
D'ailleurs le droit d'exil et de confiscation avait
souvent été exercé sur les tribus propriétaires, et le
domaine de l'Etat avait hérité de leur territoire. Telle
était la constitution matérielle de la propriété.

Pour mettre fin à toutes les incertitudes, pour empêcher que les utopistes ne fissent en Algérie, contre
le droit de propriété, de dangereux essais dont le
contre-coup se serait fait sentir jusqu'en France,
l'Assemblée nationale reconnut et sanctionna la propriété individuelle, la propriété collective et le droit
de jouissance des tribus qui n'étaient qu'usufrui-
tières (1). Le principe de l'expropriation pour cause
d'utilité publique fut admis sous la condition d'une

(1) Loi du 16 juin 1851. — Art. 10. La propriété est inviolable, sans
distinction, entre les possesseurs indigènes et les possesseurs français
ou autres. Art. 11. Sont reconnus tels qu'ils existaient au moment de la
conquête ou tels qu'ils ont été maintenus, réglés ou constitués postérieure-
ment par le gouvernement français, les droits de propriété et les droits de
jouissance appartenant aux particuliers, aux tribus et aux fractions de
tribu. Art. 12. L'État ne peut exiger le sacrifice des propriétés ou des droits
de jouissance reconnus par les articles 10, 11 et 12 de la présente loi, que
pour cause d'utilité publique légalement constatée, et moyennant le paie-
ment ou la consignation d'une juste et préalable indemnité.

juste et préalable indemnité, même pour le droit de jouissance. Ainsi on coupait court à la théorie de l'Etat propriétaire du sol de par le droit divin ; on mettait une barrière légale au refoulement de la population indigène. Nous verrons plus tard comment cette loi a été respectée par l'administration, lorsqu'elle a procédé au cantonnement des tribus pour donner des terres à la colonisation.

CHAPITRE III

Il nous reste à parler du progrès accompli dans
l'ordre matériel. Pour cette partie de notre travail,
les constatations du mouvement en avant sont si
nombreuses, qu'il importe, afin de n'être pas taxé
d'exagération, de rappeler qu'il ne s'agit pas d'une
évolution terminée, mais de modifications qui doivent être développées : progrès, si on regarde du côté
du passé ; espérances, si les yeux se portent vers l'a-
venir. La masse entière n'a pas été entamée ; l'action
nouvelle se fait sentir sur ses bords seulement. Le
groupe ne s'est pas détourné de son chemin ; la partie
la plus considérable suit encore les ornières tracées

par les croyances et par les traditions; sur ses flancs, on remarque un certain nombre d'individus qui ont fait quelques pas vers le groupe français et qui paraissent disposés à adopter nos couleurs. Encore quelques efforts, et les deux groupes seront unis par ces intermédiaires; ils s'avanceront, chacun dans leur voie et d'un mouvement unitaire; le côté gauche restant purement chrétien, le côté droit musulman, et le centre sincèrement français, quoique musulman.

Au point de vue de l'hygiène publique, les améliorations sont manifestes. Dans les villes, l'application de nos règlements de voirie a contribué à l'assainissement. Il n'existait, avant notre domination, ni balayage ni éclairage publics; les rues, étroites et tortueuses pour résister à l'action de la chaleur, gênaient la circulation de l'air. On a établi des fontaines publiques, des égouts; on a pavé les rues, créé des marchés dont l'état de propreté est attentivement surveillé. Des commissions de salubrité ont été chargées de visiter les débitants de comestibles et de boissons, les épiciers-droguistes indigènes qui vendent les substances médicamenteuses. Les cimetières ont été éloignés des villes et soumis à une police sévère. La prostitution a été réglementée, et la santé publique a reçu des garanties qu'elle n'avait pas auparavant. Ces progrès, dira-t-on, sont l'œuvre des autorités municipales des villes habitées par les Français. Si les indigènes avaient été abandonnés à leur propre initiative, rien n'eût été changé à leurs habitudes passées. Ils ont subi le progrès. Qu'importe? Croit-on qu'ils n'en profitent pas? Pense-t-on qu'ils n'en ressentent pas les effets pour leur situation physique, et par contre pour leurs dispositions morales envers les auteurs de cet ordre nouveau?

L'assistance publique a été organisée; ses bienfaits ont été tout aussitôt appréciés par les indigènes. On les a admis dans nos hôpitaux en leur réservant des salles spéciales toutes les fois que les locaux le permettaient. La vaccine a été propagée. Un cours a été établi à Alger par une sage-femme française pour enseigner les principes de l'anatomie et l'obstétrique aux accoucheuses indigènes. Pour qui connaît les pratiques barbares des matrones nommées *kabela* et présidant aux accouchements, l'importance civilisatrice et bienfaisante de cet enseignement n'a pas besoin de commentaires. Des places d'élèves internes ont été réservées à l'école de médecine d'Alger pour les indigènes. Les vieillards, les incurables, les aliénés sont recueillis dans les asiles fondés par l'État ou par les départements. Nos orphelinats sont encore fermés aux jeunes musulmans, parce que la direction en est confiée à des congrégations religieuses. C'est une lacune facile à combler.

L'institution des monts-de-piété a délivré les familles nécessiteuses des exactions de l'usure ; les caisses d'épargne se sont ouvertes pour encourager les idées de prévoyance dans des populations trop disposées à se résigner à la misère et à la souffrance, sans lutter pour défendre avec énergie la santé et le bien-être. Nous avons à leur apprendre la pratique de cet axiome de la civilisation moderne : *Aide-toi, le ciel t'aidera.*

Pour les tribus, la dissémination de la population sur de vastes territoires, l'absence de villes et de villages, les habitudes et les nécessités de la vie nomade, rendaient plus difficile l'action de l'assistance publique. Elle n'a pas cependant été vaine. On sait le respect que les Arabes professent pour les médecins. En Orient, on les nomme *hakim*, mot qui a aussi la signification de sage. Partout où nos colonnes pénétraient, nos médecins voyaient accourir à eux une multitude de malades de tout âge et de tout sexe réclamant des remèdes. Cet empressement nous révéla le concours qu'on pourrait attendre des médecins pour consolider notre domination et atténuer les répugnances des indigènes à se rapprocher de nous. Des consultations gratuites et des dépôts de médicaments furent établis auprès de chacun des cinquante bureaux arabes ; les hôpitaux militaires furent ouverts aux malades qui consentaient à s'y faire traiter. Lorsqu'une épidémie éclatait dans les tribus, des médecins et des infirmiers y étaient envoyés avec tous les moyens de porter des secours efficaces. D'autres fois, les médecins faisaient des tournées sur les marchés pour aller au-devant des malades qui n'osaient pas se présenter aux consultations.

La vaccine a été pratiquée sur une très-large échelle, et il est tel médecin qui a déjà inoculé le vaccin à plusieurs milliers d'enfants. Dans les premiers temps, on a eu à vaincre des préventions tenaces. Les ennemis de la France disaient que nous voulions marquer les enfants pour en faire plus tard des chrétiens ou des esclaves. La patience et le zèle de nos médecins ont surmonté ces obstacles : l'opposition diminue tous les jours.

A Sidi-bel-Abbès, dans la province d'Oran, on a créé une infirmerie spéciale pour les indigènes. Cet essai, à la charge du budget des centimes additionnels, mérite d'être encouragé pour les localités où il n'y a pas encore d'hôpital français ; quant aux villes qui possèdent des hôpitaux, il vaut mieux réserver des salles particulières pour les musulmans. Ils acceptent avec beaucoup de respect et de reconnaissance les soins de nos sœurs de charité. On n'a pas pu aller plus loin, parce que le personnel médical de l'armée n'est pas assez nombreux pour pouvoir détacher tous les praticiens nécessaires au service des tribus. Recourir aux médecins civils entraînerait des dépenses que les centimes additionnels ne peuvent supporter. Un supplément de solde de 600 ou 700 francs suffit pour avoir le concours d'un médecin militaire; tandis qu'on ne peut allouer moins de 2,400 ou 3,000 francs à un médecin civil qui serait appelé à exercer dans les tribus. La vie sous la tente, par douars isolés, n'a pas permis, d'un autre côté, d'inaugurer les mêmes institutions que dans les villes. Il faut se féliciter comme d'un grand résultat de ce que nos médecins gagnent de plus en plus la confiance des hommes des tribus.

En ce qui concerne l'agriculture, les progrès ont un caractère plus significatif encore. Plusieurs grands propriétaires européens, voyant les fièvres et les maladies enlever successivement les fermiers français qu'ils installaient sur leurs terres, ont reculé devant la responsabilité des malheurs de cette dangereuse acclimatation; ils ont eu l'heureuse pensée de faire appel à la main-d'œuvre indigène. Toutes les fois qu'ils ont pu avoir des contre-maîtres français pour donner l'exemple et diriger, ils n'ont eu qu'à se louer des indigènes; traités avec bienveillance, ils les ont trouvés soumis et intelligents ; lorsque le propriétaire a pu s'occuper de leurs intérêts privés et protéger leur famille, ils se sont montrés reconnaissants et dévoués.

Si l'indigène, pour qui tout est nouveau dans le travail européen, paraît apporter moins d'ardeur et d'activité, il rachète cette infériorité par la conti-

nuité de son labeur. On a calculé que, pendant les
années de l'acclimatation, les jours fériés et les maladies réduisent, en moyenne, les journées du pro-
létaire européen à 150 par an; tandis que pour
l'indigène cette moyenne est de 300 journées. La
quantité compense largement la qualité, surtout pour
le travail à la tâche. Il va sans dire que l'indigène,
qui n'a pas besoin, comme l'Européen, d'une alimen-
tation substantielle et variée pour résister au climat;
qui ne mange presque pas de viande; qui ne se
nourrit que d'orge et de blé de qualité inférieure;
qui ne boit ni vin, ni café, ni liqueurs; qui n'a pas
besoin d'un vêtement aussi compliqué; qui habite
sous une tente en laissant disponibles tous les bâti-
·ments d'exploitation, peut se contenter d'un salaire
moins élevé.

La plupart de ces prolétaires agricoles indigènes
appartiennent à la Kabylie et aux tribus les plus rapprochées de nos centres d'activité. Les travaux de la
saison finis, ils retournent chez eux, où ils introduisent
les procédés et les cultures nouvelles qu'ils ont vu pratiquer. C'est ainsi qu'en pénétrant dans le Djurdjura,
nos soldats ont été tout surpris de trouver dans un
grand nombre de villages des plantations de pommes
de terre et de légumes inconnus aux Kabyles avant
qu'ils eussent travaillé dans les fermes et les jardins
des Européens. Ailleurs, les indigènes ont appris

de nous à greffer les oliviers et les arbres fruitiers,
à donner deux labours à la terre avant les semailles ;
à faire usage des engrais, à purger leurs champs de
pierres et de broussailles ; à pratiquer les cultures
d'arrière-saison qui varient heureusement leur ali-
mentation.

Cet enseignement de l'exemple, quelque restreint
qu'il ait été, a eu sa valeur ; mais l'influence décisive
sur les habitudes agricoles des tribus est due à l'initiative de l'autorité militaire, par l'intermédiaire des
bureaux arabes. Par leurs soins, la culture de la
pomme de terre a été propagée sur tous les points
de l'Algérie ; quoiqu'elle n'ait pas été partout ac-
cueillie avec le même empressement, dans certaines
tribus, elle prend les proportions d'une grande culture ; elle figure sur les marchés de l'intérieur, et
tient déjà une place dans la consommation indigène.
Quand on compare la facilité avec laquelle la pomme
de terre a été adoptée par les tribus avec les efforts
qu'il a fallu faire pour la populariser en France, on
ne peut s'empêcher de compter sur le bon sens et l'intelligence des indigènes pour les progrès qui restent
à faire. Dans le cercle de Biskra, nous avons trans-
formé la culture du *henné* (lausonia inermis), qui ne
servait qu'à la toilette des femmes, en une culture industrielle. Le henné a été adopté pour la teinture des
soies à Lyon ; il donne un très-beau noir orangé, et

la fabrication achète tout ce que les indigènes peuvent produire. Il faut citer aussi les essais pour la culture du coton et du sorgho ; un kaïd de Guelma a partagé un des grands prix décernés par l'Empereur à la plus importante plantation de coton. La culture du tabac s'est étendue ; les plantations d'arbres fruitiers se sont multipliées : c'est par millions qu'on les compte ; des soldats, choisis dans les garnisons de l'intérieur, ont enseigné la taille et la greffe.

Des moniteurs fournis également par l'armée ont appris aux indigènes à se servir de la faux pour couper les foins et les céréales, de la herse et d'une charrue perfectionnée. L'administration a fait fabriquer, en France, des modèles de charrues presque aussi simples que les charrues arabes, faciles à réparer et pouvant donner un labour plus profond. Les soins les plus attentifs sont apportés à ces expériences, afin qu'elles frappent les indigènes et qu'ils adoptent les nouveaux instruments. Dans presque tous les cercles, on a labouré et ensemencé un champ, d'après les méthodes nouvelles, à côté d'un terrain de même étendue cultivé avec les procédés du pays ; au moment de la récolte, on compare la qualité et la quantité des produits. Les plus obstinés sont convaincus et se rendent.

Les troupeaux devaient attirer notre attention, puisqu'ils forment un des principaux éléments de la richesse publique en Algérie. Le pays qui avait donné à l'Espagne la belle race des moutons-mérinos ne livrait plus au commerce que des laines courtes, pleines de jardes, de sables et d'épines. Cette laine ne pouvait être employée par les filateurs et ne servait qu'à des usages domestiques. La première amélioration a consisté à substituer les cisailles à la faucille pour la tonte. Le procédé dont se servaient les indigènes martyrisait les malheureux animaux et dépréciait la laine. Avec les cisailles, l'opération est plus régulière ; elle marche plus vite ; elle sauve la vie à un grand nombre de jeunes bêtes qui succombaient aux blessures faites par la faucille. Après avoir réformé et facilité la tonte, on s'est occupé de faire un choix parmi les troupeaux et de séparer les animaux de races diverses ; la reproduction a été surveillée avec soin, afin d'éviter les mauvais croisements. On a fait construire des abris pour préserver les troupeaux des intempéries de l'hiver ; on a fait aussi élever des meules de fourrages et de paille pour assurer la nourriture pendant les grandes pluies.

Des troupeaux modèles ont été rassemblés, et des efforts sont tentés pour ramener la race à sa pureté primitive. Les moutons de la Crau, à l'embouchure du Rhône, et ceux de Graux de Mauchamp, ont fourni d'excellents types pour les croisements avec la race indigène. Pendant que les propriétaires européens, qui demandaient des reproducteurs aux grandes races anglaises et françaises, échouaient dans leurs tentatives, les essais dirigés avec intelligence par l'autorité militaire, en s'adressant à des races rustiques dont les habitudes se rapprochaient de celles de la race algérienne, étaient couronnés d'un plein succès. La qualité de la laine des troupeaux modèles a été considérablement améliorée, et les indigènes, frappés de ce résultat, constaté par les prix obtenus sur le marché, se préoccupent de suivre les exemples que nous leur donnons. Le commerce des laines a pris une plus grande activité ; nos manufacturiers du Nord ont réussi à employer la laine algérienne à tous les besoins de leur fabrication. Ceux de ces honorables industriels qui envoient des agents en Algérie pour leurs achats se louent beaucoup de la bonne foi des indigènes et de la facilité de leurs rapports avec eux (1).

La race bovine n'a pas encore été l'objet d'essais d'amélioration ; elle bénéficie, comme les moutons, des approvisionnements de fourrages et des abris nouvellement construits dans les tribus. Elle n'a pas la même importance que la race ovine, et elle n'a pas

---

(1) Une des premières maisons de Turcoing qui dépense environ 2,000,000 francs en achats de laines, dans la seule province d'Oran, fait des avances de 60,000, 80,000 francs, et au-delà, à certains de ces agents indigènes, qu'elle charge d'aller acheter des laines à livrer, dans les tribus les plus rapprochées du Sahara. Jamais elle n'a eu à se plaindre d'une infidélité ou d'un manque de parole.

d'ailleurs dégénéré. Les chèvres sont plus rares encore ; on ne les rencontre que dans les pays montagneux ; elles n'ont pas de valeur industrielle ni commerciale. Ces observations ne se rapportent qu'aux tribus, car dans les territoires civils des essais nombreux ont été tentés par l'initiative individuelle de nos colons pour améliorer les races bovine et caprine.

La sollicitude de l'autorité militaire ne pouvait faire défaut à la race chevaline. Vingt années de guerre avaient diminué le nombre des chevaux et appauvri la race ; nous avions sept régiments de cavalerie stationnés en Algérie qu'il fallait remonter avec des chevaux barbes. On établit d'abord dans chaque province un dépôt de remonte, puis un haras, puis des stations d'étalons impériaux pour la monte. Les reproducteurs entretenus par l'État ne suffisant pas aux besoins, les tribus reçurent ordre d'acheter des étalons sur les fonds des centimes additionnels. Ces animaux, entretenus dans les établissements de l'État et soignés par nos cavaliers de remonte, sont répartis dans plusieurs stations à l'époque de la monte. Chaque tribu reçoit ses étalons. Les saillies ont lieu sous le contrôle des agents français ; elles sont gratuites. On délivre des cartes de saillie pour constater l'origine des poulains et pouliches qui seront présentés, plus tard, aux concours pour les primes.

En outre, les étalons impériaux parcourent des stations déterminées à l'avance. Chaque année plus de trente mille juments sont saillies. On a pu déjà apprécier une amélioration notable de la race. Dans un petit nombre d'années, l'Algérie produira assez de chevaux pour remonter toute la cavalerie légère de notre armée. Les trois régiments de chasseurs d'Afrique, les trois régiments de spahis, plus cinq régiments de l'armée métropolitaine sont montés sur des chevaux algériens. La campagne de Crimée a prouvé les excellentes qualités de cette race comme cheval de guerre : lorsque les chevaux anglais et français succombaient par centaines, les barbes, résistant aux privations et aux intempéries, perdaient à peine quelques bêtes.

La race mulassière n'a pas été oubliée : des baudets reproducteurs, tirés des haras de Pau et de Tarbes, figurent dans les principales stations de monte. Les indigènes les recherchent beaucoup. Les mulets rendent les plus grands services pour les transports de l'armée ; employés comme bêtes de somme en l'absence de routes carrossables, ils sont très-utiles au commerce. Des courses ont lieu tous les ans dans chacune des trois provinces ; les chevaux barbes y soutiennent leur vieille réputation, et brillent surtout dans les courses de fond. On a vu paraître en 1859, sur l'hippodrome de la province de Constantine, des dromadaires (*mehari*) venus du fond du désert. Le temps n'est pas éloigné où nos relations avec le sud nous obligeront à nous occuper de ces animaux et des chameaux, qui peuvent seuls faire les transports à travers le Sahara.

Les irrigations, si précieuses dans un pays où les cours d'eaux se dessèchent presque partout pendant l'été, n'ont pas été négligées : on a construit sur les rivières principales des barrages, dont quelques-uns sont des travaux d'art remarquables. Nous citerons entre autres celui de Saint-Denis du Sig, dans la province d'Oran. Des canaux d'irrigations ont été tracés pour augmenter l'étendue des terres arrosables; on les mesure aujourd'hui par millions de mètres de développement; on a aménagé les fontaines et doublé le volume d'eau qu'elles donnaient; sur d'autres points, on a creusé des puits, établi des norias.

Mais le plus grand bienfait pour les populations du sud a été le forage des puits artésiens. La sonde a fait jaillir de terre de véritables fleuves, qui donnent plusieurs milliers de mètres cubes d'eau par minute. On se rappelle avec quels transports frénétiques les sources artésiennes ont été célébrées dans l'Oued-Righ, vallée où circule la route de Biskra à Tougourt; elles ont rendu la vie et la prospérité à ces contrées. Les indigènes ne se sont pas trompés sur la portée politique de ces travaux : les premiers puits ont reçu les noms de *Fontaine de la Paix*, *Fontaine de la Reconnaissance*. Ajoutons, pour rendre justice à chacun, que ces puits ont été forés au moyen de cotisations volontaires fournies par les indigènes ; aujourd'hui encore ces travaux sont payés par le budget des centimes additionnels. Les forages entrepris aux frais de l'État, à Arzew et à Biskra, n'avaient pas réussi. Les sondages, dans le Sahara, ont été dirigés d'abord par des ingénieurs civils qui avaient traité avec les indigènes ; l'armée avait prêté des travailleurs, auxquels une légère rétribution était allouée. Plus tard, des contre-maîtres se sont formés, et on a vu des officiers, des sous-officiers ou des caporaux diriger les forages sous la haute surveillance des ingénieurs. Nous rattacherons à la question des irrigations les tentatives pour le reboisement des montagnes : des compagnies de soldats planteurs et bûcherons ont été organisées dans chaque province ; elles travaillent avec ardeur, sous la direction du service forestier, à améliorer les forêts existantes et à en créer de nouvelles. Mentionnons aussi les pépinières établies par l'État, où les indigènes et les Européens trouvent en abondance et à bas prix toutes les espèces d'arbres fruitiers et forestiers.

Nous avons malheureusement une ombre à signaler à ce brillant tableau : dans son impatience d'agrandir les territoires civils et d'avoir des terres disponibles pour les besoins de la colonisation, le pouvoir nouveau a donné aux travaux de cantonnement un tel retentissement que les indigènes, se croyant menacés dans la possession des terres qu'ils avaient améliorées, se sont arrêtés, découragés, et n'ont plus voulu tenter de nouveaux essais. Beaucoup ont demandé l'autorisation de quitter l'Algérie pour aller vivre en Orient ou dans la régence de Tunis. La peur a été heureusement plus grande que le mal : on a très-peu cantonné, parce que c'est une opération extrêmement difficile. Les bureaux arabes ont pu rassurer les tribus et les détourner de l'émigration, mais la confiance n'est pas entièrement regagnée ; les indigènes restent inquiets et ne sont plus aussi disposés que par le passé à bâtir et à planter. Au moment où cette fièvre d'émigration s'est manifestée, il s'est rencontré des hommes assez imprévoyants pour s'écrier : « Laissez faire ! ce sont les plus fanatiques, « les plus rebelles à notre action qui partent ; ils « abandonnent des terres dont la colonisation s'emparera. » Les administrateurs pratiques, qui connaissent le pays, ont repoussé ce dangereux paradoxe ; ils voyaient cette émigration, après dix ans de paix, comme un acte de blâme pour notre administration et un échec pour notre influence morale. L'expérience a d'ailleurs prouvé que les terres libres ou concédées à des colons restent souvent longtemps en friche, et que l'absence de population produit l'insécurité. Comment appliquer la responsabilité des tribus dans un pays désert ?

L'opération du cantonnement est indispensable, mais elle offre des dangers qui ne peuvent être conjurés que par une grande prudence et avec le secours du temps. Pratiquée avec intelligence, elle doit être profitable aux indigènes aussi bien qu'aux Européens ; mal dirigée, elle sera funeste aux uns et aux autres. Pour être bien comprise, cette question doit être examinée sous le point de vue du fait et sous celui du droit.

En fait, le peu de sécurité dont jouissaient les tribus les ont forcées à se réduire à la grande culture des céréales et à se borner aux procédés agricoles les plus élémentaires. L'élevage des bestiaux nécessitait l'occupation de territoires d'une étendue bien supérieure aux besoins d'une population fixe et dont les travaux auraient été protégés par un gouvernement régulier. Il est aussi notoire que la population a diminué beaucoup depuis trente ans par suite des émigrations et des malheurs d'une longue guerre. Dans la zone méridionale et vers les extrémités du Tell, les indigènes pouvaient si peu compter sur le fruit de leur travail, qu'ils renonçaient aux labours et ne possédaient que d'innombrables troupeaux qui les suivaient dans leurs migrations.

Sous la domination française, ces conditions si funestes à l'agriculture ont été changées. La paix règne
dans toute l'Algérie. Les tribus fidèles n'ont plus à redouter les agressions de voisins turbulents ni l'attaque inopinée des troupes du gouvernement, qui
ordonnait des razzias sous les plus frivoles prétextes :
le cultivateur n'a à compter qu'avec le ciel et la saison pour être certain de récolter ce qu'il a semé.
Bien plus, les travaux d'irrigation, les barrages, les
canaux donnent à un champ limité une fécondité supérieure à celle des grands espaces dont la charrue
déchirait à peine rapidement la surface. Auprès des
cours d'eau et des fontaines, l'indigène a créé des
jardins potagers; il a construit des abris pour ses
troupeaux; il a accumulé ses approvisionnements de
fourrages. Toutes ces circonstances l'ont amené à resserrer le cercle dans lequel s'écoulait sa vie : il est
moins nomade, ses intérêts se fixent sur le sol. On
peut donc dire avec toute justice que ses besoins
agricoles n'exigent plus des terrains aussi vastes. En
n'accordant à l'Algérie qu'une population de la densité
de celle de l'Espagne, elle pourrait contenir à l'aise
neuf millions d'habitants : or, elle en a environ trois
millions. Il en faut conclure qu'on peut resserrer les
tribus sans gêner ni compromettre leur existence. Le
cantonnement est donc possible en fait.

Au point de vue du droit, l'opération présente des

difficultés : si la propriété est une chose sacrée, elle ne doit rien perdre de notre respect, parce qu'elle appartient à un indigène. Après la loi de 1851, il n'y a plus lieu de rechercher ni le droit de conquête, ni le droit musulman. La propriété a été solennellement reconnue sous ses trois formes : individuelle, collective, droit de jouissance. Elle est placée sous la protection de la loi ; or la loi dit formellement que la tribu ne peut pas être privée de son droit de jouissance sans une juste et préalable indemnité. Selon le vœu de la loi, le cantonnement doit s'opérer à titre d'expropriation pour cause d'utilité publique. Pour procéder légalement, l'administration n'aurait jamais dû cantonner une tribu sans remplir les formalités prescrites par la loi du 16 juin 1851 et par la loi spéciale sur l'expropriation. Il fallait d'abord faire constater et déclarer l'utilité publique. Nous reconnaissons la difficulté de régler ces expropriations devant nos tribunaux civils ; mais ne pouvait-on pas composer les commissions de cantonnement de manière que l'intérêt des indigènes et l'intérêt de la loi fussent également représentés? Dans ces commissions auraient dû figurer des notables indigènes et au moins un kadhi et un magistrat français.

L'Algérie est, nous le savons, le pays de l'exception; mais encore faudrait-il respecter les lois spécialement faites pour l'Algérie. L'indemnité juste et préalable ne devait pas être purement et simplement écartée. Evidemment il ne saurait être question, dans la plupart des cas, d'allouer des indemnités en numéraire; cependant il serait toujours possible de faire des échanges équitables avec les propriétaires au titre individuel, et de compenser la quantité par la qualité pour les possessions collectives. Quant au droit de jouissance, on lui aurait substitué sur des surfaces moindres, mais suffisantes pour les besoins agricoles des tribus, la possession collective. En droit, le cantonnement n'est donc pas impraticable.

Le fait a été facile à constater; le droit a-t-il été respecté dans les cantonnements auxquels on a procédé? Hélas! il nous faut confesser que la loi de 1851 a été comme non avenue et qu'on a traité les indigènes en pauvres parias, dont les réclamations n'ont pas d'autre valeur que celle de la prière, et qui ne savent pas qu'ils pourraient invoquer les tribunaux français pour défendre leurs droits, même contre l'administration.

Les premiers cantonnements sont antérieurs à la loi de 1851; ils avaient été commencés à Oran et à Philippeville. Ce n'est qu'en 1859 qu'ils ont été terminés. Les tribus étaient restées plus de dix ans sous le coup de cette dépossession partielle, attendant les titres de propriété qu'on leur avait promis pour les terres qu'on leur laissait. Telle tribu d'Oran a été

cantonnée jusqu'à trois fois, en voyant, bien entendu,
se réduire chaque fois l'étendue des terrains qui lui
étaient abandonnés. Il va sans dire aussi que partout on a pris pour la colonisation les terres les meil-
leures, les plus facilement irrigables, les plus voisines des voies de communication. Il y avait des tribus
qui, dépossédées des plaines, reléguées sur des pentes
couvertes de broussailles, contemplaient devant elles
leur ancien territoire concédé à des Européens et restant inculte pendant plusieurs années; elles y reve-
naient quelquefois en qualité de locataires (1). Pour
faire tirer aux concessionnaires un prix plus avan-
tageux de la location de ces terres, l'État a renoncé
généreusement à exiger l'impôt des indigènes qui
les cultivent. Exemple remarquable des principes
sages et impartiaux qui régissent l'économie politique en Algérie!

On a cru, dans les cantonnements faits tout récem-

(1) Les indigènes, qu'on se représente comme une population incon-
stante et nomade, ont autant que nous l'amour du sol natal. L'attachement si profond que le paysan français a pour le clocher de son village,
le cultivateur indigène le ressent au même degré pour le sol où sont les
sépultures de ses ancêtres, pour le tombeau du marabout vénéré, qui attire
la bénédiction du ciel sur les travaux de sa tribu. Quoiqu'il n'ait aucun
droit individuel sur la terre qu'il cultive, il est aussi jaloux de la possession
de ces champs dont un long usage lui a laissé l'usufruit, en participation
avec les membres de son douar, que s'il en était propriétaire par le fait
de l'héritage ou par acquisition. Il s'éloignera avec douleur des lieux que
les traditions et les souvenirs de toutes sortes lui ont rendu si chers. En
effet, souvent il a combattu pour en conserver la jouissance; et plus d'un
n'a accepté l'autorité française qu'afin de rentrer sur le territoire que la
guerre l'avait forcé de quitter.

ment, procéder avec plus d'équité, parce qu'on s'est empressé de délivrer des titres de propriété pour les terres laissées aux indigènes. L'erreur peut être de bonne foi, elle n'en est pas moins flagrante. Suivons les opérations d'une de ces commissions de cantonnement. Elle commença par examiner les titres de propriété qui lui furent présentés; elle se convainquit que le territoire de la tribu avait été frappé de confiscation par le gouvernement turc il y a plus de quatre-vingts ans : aucun document ne prouvait que cette mesure avait été rapportée; cependant il était constant que beaucoup d'individus avaient repris possession de leurs propriétés et que ces biens avaient changé plusieurs fois de propriétaires par actes authentiques. La prescription legale pouvait être invoquée par tous les détenteurs; à défaut de cette revendication, la tribu était en droit de réclamer l'application de l'article 11 de la loi du 16 juin 1851, qui garantit le droit de jouissance tel qu'il existait au moment de la conquête. La commission ne s'est pas arrêtée à ces scrupules de légalité : elle n'a admis comme base du droit que la confiscation prononcée en 1774.

La seconde opération consistait à fixer le chiffre de la population qui devait participer au nouveau lotissement des terres. Il paraît que la tribu a été jugée trop nombreuse, et la commission a déclaré que tous les individus qui étaient fixés dans la tribu depuis moins de vingt ans seraient exclus du bénéfice de l'indemnité. Une fois sorti du droit, on conçoit qu'on ait pu prendre cette mesure draconienne ; mais comment a-t-on pu l'exécuter? Que de liens formés par les intérêts, par les mariages ! Comment démêler les origines, liquider les situations? En France, la loi donne le domicile de secours dans une commune après deux années de résidence continue; les habitants des tentes n'étaient probablement pas dignes de ce privilége. De quel côté a-t-on chassé cette nuée de vagabonds que l'on créait? Si la tribu dont ils étaient issus était déjà cantonnée, qu'allaient-ils devenir? Ce n'est pas tout : le nombre des habitants ainsi épuré, il s'agissait de régler la répartition des terres qu'on leur réservait. On a évalué la richesse de chacun et on a formé quatre catégories : grands, moyens et petits propriétaires, et enfin prolétaires. Chaque catégorie a reçu un lot en rapport avec le chiffre de ses bestiaux et avec sa fortune présumée. La commission s'est transformée en providence sociale; elle cherchait la justice, elle a rencontré et suivi l'arbitraire.

Dans une tribu qui possède au titre collectif, ou qui n'a qu'un droit de jouissance, il n'est pas juste d'immatriculer un individu dans le prolétariat. Aujourd'hui, il est pauvre, il est obligé de louer ses bras

à un cultivateur plus riche ; mais que demain la fortune le favorise d'un de ses caprices, il a droit de réclamer du kaïd des terres pour labourer ; il devient
un cultivateur, il a des bestiaux, un cheval et des
armes. Le droit ne peut donc pas se mesurer d'après
la richesse.

Certainement la propriété individuelle est la forme
la plus avancée et la plus favorable pour faciliter les
développements et les perfectionnements de l'agriculture ; mais dans une société encore si irrégulièrement
organisée que la société musulmane, n'est-ce pas
compromettre la propriété que de l'attribuer, avec
son caractère le plus indépendant et le plus sacré, à
des hommes qui ne sont pas préparés à la recevoir ?
La forme collective est une excellente transition pour
passer du droit de jouissance à la propriété individuelle ; elle est appropriée à l'existence nomade, au
défaut d'établissements fixes ; elle est plus propice à
l'influence civilisatrice que nous avons à exercer; elle
permet de surmonter les résistances et d'imposer le
bien, tandis que la propriété individuelle, sanctuaire
de la liberté civile et politique, peut se transformer
en une forteresse où l'homme rétrograde se retran-
chera pour lutter contre le progrès et combattre la
civilisation.

Dans cet ordre d'idées, il fallait, sans s'arrêter à la
confiscation de 1774, donner la propriété individuelle

à ceux qui présentaient des titres réguliers, échanger les terres possédées à titre collectif contre d'autres propriétés collectives équivalentes, et transformer en propriété collective le droit de jouissance définitivement supprimé. Il fallait surtout bien se garder de faire la répartition de la richesse en créant des catégories. La transformation de la propriété collective en propriété individuelle se serait opérée d'elle-même avec le temps. Déjà l'autorité militaire avait donné à cet égard de bons exemples ; elle avait dit aux indigènes : « Bâtissez des maisons et plantez des arbres, et « je vous ferai des concessions en rapport avec les « dépenses que vous aurez faites. » Il est vrai que ces promesses sont restées inexécutées pendant longtemps, malgré les vives réclamations des chefs dont la parole était engagée. En 1860 seulement, on vient de faire des concessions pour des travaux exécutés depuis douze ou quinze ans. Ces concessions diminueraient d'autant les terrains collectifs et s'arrêteraient à une certaine limite, afin que le droit du pauvre fût toujours représenté par un communal affecté à la tribu. Ces divers mouvements s'accompliraient dans une période de temps assez longue pour que notre action civilisatrice eût pu se faire sentir de façon à conduire de front les progrès moraux et les progrès matériels. Il ne s'agirait pas comme aujourd'hui de changer brusquement les habitudes, les mœurs et les droits de populations qui nous connaissent à peine, qui nous craignent peut-être, mais qui ne nous aiment pas. La propriété doit se modifier par évolutions successives et individuelles, et non par révolutions subites opérées sur les masses. Malgré ses bonnes intentions manifestes, l'administration n'a fait en cette circonstance que du socialisme d'assez mauvais aloi.

Si l'on veut absolument cantonner les indigènes, si l'on croit que c'est le manque de terres qui empêche la population européenne d'affluer en Algérie, il y a un moyen bien facile et bien simple d'agrandir les zones de la colonisation, de façon à suffire aux demandes sérieuses pendant longtemps. Le domaine rural de l'État comprend plus d'un million d'hectares de terres cultivées. La majeure partie de ces terres est louée à des indigènes. Pourquoi ne cantonnerait-on pas ces locataires? Il est probable que 300,000 hectares suffiraient à leurs besoins ; il resterait donc 700,000 hectares pour la colonisation (1). Là, pour cantonner, il n'est pas nécessaire d'allouer une indemnité, car l'État est légitime propriétaire. Afin de rendre cette mesure avantageuse aux indigènes, l'État pourrait leur vendre à un prix modéré, et avec des facilités pour le payement, les terres sur lesquelles ils seraient cantonnés. Si cette opération réussissait, on procéderait ensuite avec les lumières de l'expérience

(1) Dans les vingt dernières années on n'a concédé que 194,000 hectares.

au cantonnement des tribus les plus rapprochées du territoire civil. Ce qui s'est passé en Algérie depuis trente ans nous indique assez qu'il faut moins se préoccuper d'y attirer une population européenne. Lorsque le pays sera riche et prospère, les colons viendront d'eux-mêmes, et, au besoin, ils achèteront aux indigènes des terres qu'ils sauront mieux exploiter.

On semble vraiment perdre le sentiment de toute justice sociale lorsqu'on parle de la colonisation de l'Algérie. On ne s'aperçoit pas que derrière ce mot de *colonisation* se cachent les passions les plus égoïstes, les plus avides, les plus contraires au caractère et à la mission de la France. Une population de trois millions d'âmes, énergique, belliqueuse, intelligente, occupe ces belles terres ; elle se divise en plusieurs races qui offrent les aptitudes les plus variées pour recevoir notre civilisation. Selon que nous la traiterons avec bienveillance ou avec un flétrissant dédain, elle peut se dresser comme un formidable obstacle à nos desseins, ou devenir un auxiliaire puissant pour développer la prospérité du pays. On daigne pourtant à peine la compter pour quelque chose ; on veut, d'un trait de plume, rayer sa vie, son caractère, ses mœurs, ses habitudes, et la noyer dans notre droit commun. On ne s'inquiète pas de savoir si elle est disposée à entrer avec fruit, de plain-pied, dans notre famille politique ; on ne recherche pas si cette annexion subite ne serait pas de nature à fausser nos institutions et à nous créer des dangers. Non ; il s'agit bien de cela ! L'administrateur civil veut de nouveaux administrés dont le nombre grossisse son importance ; le faiseur d'affaires veut qu'on lui ouvre les tribus, parce qu'il espère, conservant la prépotence que lui donne sa nationalité, continuer à traiter les indigènes en peuple conquis. Combien de temps s'écoulera-t-il avant que les indigènes sachent se faire protéger par nos lois ! Ceux-ci rêvent des terres immenses concédées à des compagnies ; ceux-là rêvent l'introduction d'une population étrangère : Lombards, Maronites, coulies, Chinois ou noirs. L'administrateur ne songe pas que, si le droit commun est appliqué sans transition à l'Algérie, les trois millions d'indigènes pourront fort bien user de nos institutions à leur profit et au détriment des 200,000 Européens groupés autour de quelques villes. Le droit commun donnerait autorité au garde champêtre indigène sur le délinquant européen ; plus de responsabilité des tribus ; plus d'amendes administratives dont bénéficient les budgets départementaux. Le droit commun ne permettra plus, dans un département où l'on compte 300,000 indigènes et 25,000 Européens, de composer le conseil général de vingt-deux Européens, d'un israélite et de deux indigènes seulement. Le droit commun ne consacrera pas cette singulière anomalie de voir les budgets départementaux et commu-

naux alimentés par des subventions de l'État et par des
contributions prélevées sur les indigènes à l'exclusion
des Européens. Avec les droits, il faudra accepter les
charges et les devoirs des citoyens français. Si les
tribus étaient ouvertes à la spéculation, où trouverait-
on assez de gendarmes, assez d'huissiers, assez de
juges, des prisons assez vastes, pour la répression des
innombrables délits qui se commettraient aussitôt? Les
premières transactions immobilières dans la Métidja
nous ont montré en action le proverbe : *A dupeur,*
dupeur et demi. Souvent le plus lésé, dans cette liberté
sans contrôle, ne serait pas l'indigène.

Lorsque deux peuples aussi différents de mœurs,
de langage, de croyances, sont en présence, le *laissez*
faire, laissez passer est une mauvaise formule pour
l'introduction de la civilisation. Il faut de l'unité et de
l'esprit de suite dans l'action. Tout enseignement sup-
pose un maître. Ce sera, si vous le voulez, un enseignement mutuel pour lequel l'office de moniteur sera
rempli par la France.

L'Algérie, a-t-on dit, est une terre française :
quelle sera la situation des indigènes qui l'habitent?
Notre droit politique ne reconnaît pas des sujets, des
raïas, comme sont les chrétiens dans l'empire ottoman;
notre société, fondée sur l'égalité chrétienne, ne peut
créer une caste de parias. Les indigènes, au point de
vue de la nationalité, ne peuvent être que Français.

9

Lorsqu'ils voyagent à l'étranger, la protection politique de la France les suit partout, et ils savent s'en prévaloir, même vis-à-vis des souverains musulmans de l'Orient et jusque dans la ville de la Mekke, à la porte du sanctuaire de la Kaaba. Si leur état social ne leur · permet pas d'être soumis immédiatement à nos lois civiles et politiques, nous devons les regarder comme des mineurs, appartenant à notre famille, dont la tutelle nous est confiée et dont nous avons à faire des Français semblables à nous.

Ne perdons pas de vue que nous avons en Orient des coreligionnaires qui sont sujets de princes musulmans. Notre conduite vis-à-vis des musulmans algériens peut nous donner une influence décisive dans les efforts que nous tentons pour améliorer la position des chrétiens de l'empire ottoman. Si nous voulons obtenir pour les Maronites de la Syrie quelque chose de mieux que les *tanzimat* et les *hatti humayoun* dont on les a leurrés jusqu'à ce jour, soyons nous-mêmes généreux, justes et bienveillants envers nos musulmans. Il faudrait que nous pussions dire : Nous ne demandons pour les chrétiens du Levant qu'un traitement analogue à celui accordé par la France aux indigènes de l'Algérie.

La conquête de l'Algérie a posé une question de gouvernement; il faut regarder la chose par le petit côté, pour n'y voir qu'une question de colonisation.

Avons-nous enregistré tous les progrès, toutes les améliorations ? Loin de là : il n'est pas de détail de la vie où un examen attentif ne vous fît découvrir une modification d'heureux augure, un motif de confiance pour l'avenir. Afin de ne pas prolonger ce travail outre mesure, qu'on nous permette d'énumérer succinctement encore quelques innovations.

Un grand nombre de moulins ont été construits dans les villes et dans les tribus. Le moulin est un élément d'affranchissement pour la femme indigène. Condamnée à la tâche fatigante de faire mouvoir les moulins à bras qui servent à moudre les grains, la femme est délivrée de cette corvée partout où des moulins ont été établis. Les indigènes sont devenus des clients assidus de nos voitures publiques ; ils apprécient nos routes macadamisées. Dans la Kabylie orientale, particulièrement, les montagnards ont fourni avec empressement des corvées de travailleurs pour tracer des voies de communication qui facilitent les rapports commerciaux et les mouvements de nos troupes. L'usage des billets de banque s'est répandu jusque dans les marchés situés sur la lisière du Sahara ; lorsqu'il sera plus généralisé, les indigènes n'enfouiront plus leurs épargnes dans la terre : ils prendront confiance dans nos valeurs mobilières. La puissance et la justice d'un gouvernement qui ne pratique pas la confiscation, la vulgarisation du papier-monnaie, feront sortir de terre les sommes considérables qui disparaissaient chaque année de la circulation.

Les Kabyles, qui habitent des gourbis enfumés, ont,
d'après nos conseils, bâti des cheminées dans l'intérieur, et les murs ont été blanchis à la chaux. Il n'y
a pas une maison indigène dans laquelle on ne rencontre quelques-uns de nos meubles : tables, chaises,
fauteuils, lits de fer, glaces et tableaux, etc. Des emprunts ont été aussi faits à nos ustensiles de ménage
et à nos instruments de jardinage. Les hommes
ont adopté nos armes à percussion, revolvers, fusils ;
les poignards et les yatagans courts font place au sabre
français ; plusieurs emploient nos montres, notre
vaisselle de porcelaine, nos fourchettes, nos cuillers
et nos couteaux ; ceux qui assistent aux réceptions officielles de nos fonctionnaires portent des gants glacés,
des bas et des souliers en cuir verni. On a vu des
femmes mettre des volants à leurs jupes et même,
proh pudor! s'enfermer dans les jupons d'acier et les
crinolines. Nos mœurs, nos habitudes, les enceignent
de toutes parts ; chaque jour c'est une concession faite
à nos usages, ou une transaction avec eux lorsqu'ils sont
trop contraires aux mœurs locales. De notre côté, ne
leur avons-nous pas emprunté le porte-monnaie, qui
est le *desdan* algérien ; le caban, les étoffes rayées laine
et soie, dont nos femmes font des châles ; les bijoux
en filigrane, les bracelets plats, les vestes soutа-

chées, les burnous, les coussins brodés et une foule
de bibelots qui ornent nos appartements?

Nous avons créé un journal en langue arabe qui,
deux fois par mois, porte les nouvelles officielles dans
toutes les tribus : c'est une arme puissante pour lutter
contre les calomnies et les faux bruits qui étaient col-
portés sur les marchés hebdomadaires où se forme et
se manifeste ce qu'on pourrait appeler l'opinion publique indigène. Ils sont aujourd'hui tellement ac-
coutumés à ces communications écrites de l'autorité
française, que, lorsqu'elles manquent aux époques
déterminées, ils expédient des courriers dans les
chefs-lieux de cercle pour réclamer le journal attendu.
Les textes arabes de nos imprimeries contribuent à
réformer l'écriture, qui devenait de jour en jour plus
défectueuse et plus confuse.

L'usage des vêtements de coton se répand et donne
des habitudes de propreté que les étoffes de laine,
portées directement sur la peau, ne permettaient pas.
L'industrie privée a établi une manufacture de burnous qui livre ces vêtements à la consommation,
à un prix bien inférieur à celui des étoffes tissées par
les métiers à la main des indigènes. Dans toutes les
professions manuelles, les ouvriers puisent d'utiles
enseignements dans leurs rapports avec les artisans
européens : tels sont les maçons, les menuisiers, les
serruriers, les charrons, etc. Les commerçants des

villes profitent de l'établissement de nos banques publiques et du télégraphe électrique ; on a vu se former des sociétés par actions pour la construction et l'exploitation de bains maures, de moulins, de caravansérails, etc. Une école de mousses indigènes a été créée dans le port d'Alger ; des bateaux de pêche ont été armés pour leur apprendre le métier de pêcheurs : déjà les navires de l'État qui sont en station sur le littoral algérien ont pu admettre dans leurs équipages une certaine proportion de matelots indigènes. Les réflexions abondent à l'occasion de tant de faits intéressants ; mais le lecteur les fera de lui-même, et nous terminerons par une dernière remarque.

Les relations nouées entre les femmes indigènes et les femmes européennes ont fait sentir leur influence dans l'intérieur des familles. La position des femmes musulmanes est meilleure : l'amie française est une confidente qui console, qui conseille et qui peut défendre dans certains cas. La paix publique étant partout sauvegardée par notre armée, les inimitiés qui divisaient les tribus se sont éteintes ; les chefs n'ont plus besoin de chercher et de s'attacher des alliés. Les mariages politiques, qui maintenaient la polygamie comme une nécessité de situation parmi les grandes familles, n'ont plus la même importance ; leur nombre diminue, et avec eux la polygamie. Que

notre code civil consacre de nouveau le divorce et
nous pourrons sans grands embarras, en abolissant la
polygamie parmi les musulmans algériens, consolider
pour eux la constitution de la famille.

CHAPITRE IV

Nous sommes trop impatients. — Retour sur nous-mêmes. — L'autorité militaire et les indigènes. — L'autorité civile. — L'armée en Algérie. — Deux territoires. — Desiderata.

Après ce long exposé, où les faits se pressent avec une telle abondance que nous avons dû les accumuler sans ordre et presque sans commentaires, nous accusera-t-on de présomption si nous affirmons que la lumière est faite sur la possibilité de rapprocher les indigènes musulmans de notre civilisation ? L'Algérie semble n'avoir pas d'ennemi plus acharné que l'impatience : en tout et pour tout, on se plaint de ne pas aller assez vite. Hier encore, on reprochait à l'armée d'éterniser la lutte contre les tribus dans un coupable intérêt d'ambition, comme si c'était une œuvre facile que de faire accepter le joug à une population de trois millions d'âmes, guerrière, livrée à l'anarchie, répandue sur un territoire de 390,900 kilomètres carrés , dans des déserts , sur des massifs de montagnes abruptes, sans villes, sans établissements fixes. La prospérité du pays se développe lentement, dit-on ; mais qu'on se reporte au point de départ, et on sera surpris du chemin qu'on a parcouru en si peu de temps. On reproche à l'autorité militaire de n'avoir pas entièrement civilisé les indigènes , lorsque les derniers grands combats datent de 1857 et que de sérieuses insurrections éclataient encore cette année même. Ceux qui blâment ainsi ne connaissent pas les difficultés de toutes sortes avec lesquelles on est aux prises quand il faut soumettre les populations sans les ruiner, puisqu'on leur demandera demain dès impôts ; quand on veut respecter leurs croyances, leurs mœurs, et leur prouver notre bienveillante équité en même temps que la puissance de nos armes.

Dans l'examen que nous venons de faire , si nous avons noté quelques rares circonstances où on a marché trop lentement (l'instruction publique, l'état civil), combien de fois n'avons-nous pas dû signaler la précipitation et le défaut de préparation des mesures les plus importantes (justice musulmane, extension des territoires civils, cantonnements, etc.) ! Trente ans ! est-ce d'ailleurs une période bien longue dans la vie d'un peuple ? Au nom de quel intérêt s'exprime cette impatience ? Est-ce au nom de l'intérêt français ? Le gouvernement n'est pas responsable du peu d'empressement qu'ont témoigné les Européens à venir s'établir en Algérie. Est-ce au nom de l'intérêt indigène ? On peut répondre que ces défenseurs officieux des indigènes, les aiment à peu près comme l'héritier cupide aime le parent dont il attend l'héritage. Une absorption sommaire et brusque dans la société française ne serait du goût d'aucun indigène.

Mais n'est-ce pas ici le cas de faire un retour sur nous-mêmes pour arriver à plus de calme et de modération ? Nous jouissons de la paix en France depuis quarante-cinq ans; la fortune publique va s'augmentant sans cesse; notre nation est fortement constituée; toute l'Europe nous envie notre unité et notre cohésion harmonique; depuis soixante ans nous obéissons à un pouvoir et à une administration qui se sont appliqués à perfectionner l'action de la centralisation ; l'opinion publique a une puissance invincible; cependant, malgré ces excellentes conditions d'existence sociale, bien supérieures à celles de la société musulmane, quel est le progrès un peu important qui ne nous ait coûté du temps et de la peine à réaliser ? L'application de la vapeur à l'industrie, la substitution des machines au travail de l'homme, le gaz pour l'éclairage et le chauffage, les chemins de fer, l'électricité, ont rencontré les oppositions les plus vives, et ce n'est pas en quelques années que ces inventions ont été popularisées. Comparons notre agriculture à celle des Anglais ou de certains États de l'Allemagne, et, tout en reconnaissant les progrès accomplis depuis la paix, nous serons obligés d'avouer que nous sommes loin d'avoir atteint nos émules.

Nous n'avons pas été plus heureux pour l'organisation de la justice et de l'instruction publique que pour la liberté commerciale. Nos codes appellent des réformes qui sont bien lentes à s'opérer : la procédure n'a pas la simplicité et la clarté qu'elle devrait avoir; la législation des hypothèques est une entrave pour les affaires; le Code de commerce a fait à la femme une situation d'esclave; nous n'avons pas encore un bon système de répression légale qui améliore le détenu au lieu de le pervertir. Pour l'instruction publique, l'Université ne semble pas subir de bonne grâce les transformations qui doivent satisfaire les nouveaux besoins de l'enseignement; la routine et la pédagogie font une résistance opiniâtre, et retardent constamment les améliorations. Il a fallu presque un coup d'État pour donner, dans les lycées, la même importance aux sciences qu'aux lettres. La réforme de nos lois de douane est le témoignage le plus éclatant des difficultés que soulèvent les plus utiles progrès : c'est après plus de trente ans que le régime douanier de la France a pu être entamé, et il ne l'a été que par un coup d'audace du pouvoir exécutif,

qui a profité du prestige que lui donnaient ses vic-
toires sur les ennemis de l'extérieur pour porter le
dernier coup à la coalition des intérêts égoïstes op-
posés à la liberté commerciale. Cette confession pourrait être prolongée, mais ce que nous venons de rappeler suffit pour nous ramener à la patience avec une
modestie bien sentie.

Reconnaissons, à la louange des musulmans algériens, que sous le triple rapport social, politique et
matériel, des progrès considérables ont été accomplis
parmi eux. Certes, il reste encore beaucoup à faire ;
nous avons constaté que le mouvement en avant était
commencé : il reste à le généraliser. Les hommes pro-
gressifs sont encore en bien petit nombre, si on con-
sidère les masses profondes dont les idées hostiles
persistent ; mais le temps combat pour nous : la résistance sera moins forte chez les fils que chez les
pères. Nous-mêmes, nous augmentons et nous per-
fectionnons chaque jour nos moyens d'action ; l'expérience doit nous profiter à nous comme aux indigènes. Dans le bataillon qui s'est rallié autour de nous,
la qualité compense la quantité, si elle ne vaut pas
mieux. Tous les jours aussi nous acquérons des forces
nouvelles contre le parti antipathique, parmi nous, à
la civilisation des musulmans algériens. A mesure que
la question est mieux connue, le sentiment public
s'éclaire et s'élève ; les inspirations de la bienveil-

lance dominent les suggestions des intérêts individuels. La présence de l'Empereur à Alger a marqué
une ère nouvelle pour les populations musulmanes.
Le souverain, debout sur le théâtre de nos efforts, au
milieu des prétentions diverses qui se disputaient la
suprématie en Algérie, a fait connaître l'ordre de ses
préoccupations à l'égard de notre conquête : civiliser
les trois millions d'âmes de la population indigène,
les élever à la dignité d'hommes libres, encourager
les hardis colons qui viennent chercher fortune dans
le pays. Ce programme nous rassure entièrement
contre les partisans du refoulement, ou de l'extermination, ou de la dépossession, ou de l'absorption des
indigènes.

Les musulmans algériens peuvent s'assimiler notre
civilisation. Les résultats acquis sont de nature à encourager nos efforts. Mais quel sera le meilleur initiateur? Sur quelle force devrons-nous nous appuyer
principalement pour avancer plus vite et plus sûre-
ment? Deux antagonistes sont en présence et se dis-
putent l'honneur d'enseigner notre civilisation aux
indigènes : l'autorité civile et l'autorité militaire.
Que cette compétition soit jugée au point de vue
théorique ou au point de vue pratique, nous n'hési-
tons pas à déclarer que l'autorité militaire est le meilleur initiateur pour civiliser les indigènes.

Qu'on se reporte au tableau rapide que nous avons

tracé de la société musulmane, aux circonstances historiques qui ont précédé et suivi la conquête arabe, aux conditions des gouvernements autocratiques et à origine religieuse qui se sont succédé, à l'organisation sociale et politique, au caractère belliqueux, aux habitudes nomades et turbulentes d'une population aussi mêlée, et on ne pourra se refuser à reconnaître que le soin d'administrer un pareil peuple ne doit incomber qu'à une autorité fortement constituée.

Il faut avoir vécu en Algérie pour se rendre compte de la distinction radicale qu'on y fait entre l'autorité civile et l'autorité militaire ; car, en France, le gouvernement est constitué par la réunion dés autorités civiles, judiciaires et militaires. On s'imagine que dans la métropole l'armée est subordonnée à l'administration : il n'en est rien. Celle-ci n'a aucune suprématie sur celle-là ; toutes deux concourent, dans leur sphère spéciale, à l'exécution des lois, avec une importance égale. La puissance publique n'appartient ni à l'une, ni à l'autre. Elle n'est pas plus dévolue aux magistrats. Les lois, les institutions sont les vrais souverains et les vrais guides de la nation française. Dans les moments de crise, lorsque la société a besoin, pour se défendre, de concentrer toutes ses forces dans une seule main, elle subordonne les autorités civiles à l'autorité militaire. La question est de savoir si l'état des populations indi-

gènes n'est pas tel qu'il soit de l'intérêt de la France
de faire appel à la forte organisation et à l'énergie de
l'armée pour les diriger en son nom, avec son esprit,
en s'efforçant de les préparer à entrer le plus promp-
tement possible dans la grande famille française.

Qu'est-ce qu'un préfet en France? Une entité administrative, un être impersonnel, auquel mille voix
crient de tous côtés : « Mêlez-vous le moins possible
« de nos affaires ; les intérêts privés n'ont pas besoin
« de votre tutelle ; assurez l'exécution impartiale et
« rapide des lois et des règlements ; soyez l'intermé-
« diaire entre le pouvoir central et les administrés,
« mais renoncez à toute action personnelle ; car vous
« n'êtes pas un délégué du souverain : vous êtes sim-
« plement le représentant du ministre de l'intérieur,
« et l'homme d'affaires des divers autres minis-
« tres. » En effet, le préfet n'a aucune action sur
l'administration de la justice, sur les cultes, sur
l'armée ; il n'est qu'une boîte aux lettres pour les travaux publics, pour les finances, pour l'instruction
publique. Son principal rôle, où sa personnalité peut
se révéler, c'est la présidence du conseil général et la
conduite des intérêts départementaux. Est-ce là le
fonctionnaire qu'on va mettre en présence des indigènes habitués à obéir, non à des lois écrites, mais à
un chef qui est pour eux la loi vivante? Ces paperasses
administratives qui sont, même en France, le désespoir

des administrés, mais qui sont une garantie nécessaire, allez-vous les supprimer ou y soumettre les indigènes? Vous ne réfléchissez pas qu'en France le pouvoir du préfet repose sur nos habitudes, sur nos mœurs, sur l'amour et le respect que nous avons pour nos institutions politiques : c'est une autorité beaucoup plus consentie qu'imposée (1). Espérez-vous le même résultat avec les indigènes? Non, certes. Il faudra donc mettre à la disposition du préfet des gendarmes, des troupes spéciales, lui donner des attributions plus étendues, si vous ne voulez pas le laisser impuissant vis-à-vis des indigènes. Du moment que vous sortez de l'organisation française, parce que vous reconnaissez que les indigènes exigent une autorité exceptionnelle, pourquoi ne pas adopter purement et simplement la tradition française en confiant à l'armée les pouvoirs extraordinaires nécessités par les circonstances? Quand la légalité abdique momentanément entre les mains de l'autorité militaire, elle est sûre que les mauvaises passions et les mauvais vouloirs seront domptés. Si l'autorité civile était chargée de l'état de siège, la crise aurait-elle la même solution? Ce préfet,

(1) Dans *une Réforme administrative en Afrique*, M. A. de Broglie s'exprime ainsi : « Le régime civil (appliqué aux indigènes) manque de sa base naturelle, qui est le concours libre et bienveillant des populations. Il inspire moins de respect, sans soulever moins de répugnance. Un vainqueur en habit noir est moins redouté, sans être moins détesté, qu'un vainqueur en uniforme. »

muni de pouvoirs extraordinaires pour administrer les indigènes, ne tarderait pas à traiter ses administrés européens en véritables Bédouins. On connaît la puissance de corruption de l'arbitraire.

Il n'est pas possible d'appliquer tout à coup nos institutions à cette population qui sort à peine d'une autocratie sommaire et brutale. Nos institutions tendent à l'amoindrissement de l'action gouvernementale et à l'affranchissement de l'individualité. Les indigènes ont besoin de tout autre chose ; il faut les soumettre à l'action d'un gouvernement centralisateur et les assouplir à l'obéissance. En vérité, c'est à croire que les broderies d'argent et l'innocente épée civile sont jalouses du sabre retentissant et des épaulettes militaires. On dirait une fièvre de dictature. Il y a néanmoins cette observation à faire : c'est que l'arbitraire exercé par l'armée se trouve surveillé et contenu par la hiérarchie des grades, par la discipline, par l'esprit de corps et de solidarité qui lie toute la famille militaire; tandis qu'exercé par l'autorité civile, l'arbitraire la corrompt, lui fait désapprendre ses devoirs, la conduit fatalement à l'insubordination et aux conflits, sans qu'il y ait de contrôle et de surveillance efficaces.

Que demain le régime civil soit inauguré dans toute l'Algérie, c'est une oligarchie substituée au pouvoir monarchique. Il n'y aura pas de gouverneur général, pas de ministre, pas de lieutenant de l'Empereur, qui puisse empêcher l'armée, la magistrature, l'Université, le clergé, les agents financiers, les ingénieurs (nous en passons !), de former autant de centres de prétentions à l'autonomie, voulant avoir des sujets et une part d'influence absolue et directe sur les indigènes. Si nous examinions bien attentivement l'Algérie actuelle . nous nous apercevrions que ces fâcheux symptômes se sont déjà produits dans les territoires civils, qui ne sont pas cependant très-étendus. Le sous-préfet, dans son arrondissement, n'exerce aucune action sur l'ingénieur ou sur les agents des services financiers. A-t-il besoin d'un renseignement qui existe dans un bureau placé à sa porte, il est obligé de recourir au préfet, qui s'adresse au chef du service de la province ; celui-ci écrit à son subordonné, et lorsqu'il a reçu le renseignement demandé, le communique au préfet pour être envoyé au malheureux sous-préfet. Le principal rôle de ce fonctionnaire vis-à-vis des agents des autres services paraît être de les convoquer autour de lui au jour des cérémonies publiques.

L'armée a du moins cette grande vertu de savoir obéir et de se faire obéir. En présence de cet indigène pour lequel l'homme de guerre, le croyant, la vie civile, la vie militaire, le prêtre, le juge, l'instituteur, tout se trouve confondu dans une unité que nous avons peine à désagréger , la forte organisation de l'armée, la cohésion qu'elle offre dans chacune de ses parties, les ressources nombreuses et variées dont elle peut disposer, au point de vue intellectuel comme au point de vue matériel, lui assurent une puissance irrésistible. Aux yeux des indigènes, le premier apanage de la noblesse, le premier titre au respect, c'est la force, la vigueur du bras, la bravoure. Les marabouts eux-mêmes savent manier le fusil; les exemples sont illustres et nombreux : Abd-el-Kader, ben Hellal, ben Salem, ben Deikha et tant d'autres. Le mot romain : *Cœdant arma togæ*, n'a pas encore retenti chez les musulmans; il ne peut avoir de valeur que dans une société pacifiée, équilibrée, jouissant non-seulement de l'ordre matériel, mais encore de l'ordre moral, dans laquelle le travailleur producteur a détrôné l'oisiveté improductive.

Beaucoup de personnes prévenues ou de mauvaise foi accusent le *despotisme du sabre* et le *régime de la caserne* d'avoir été le seul obstacle à l'arrivée en Algérie des capitaux et des colons. Il y a bien longtemps que l'autorité militaire n'exerce aucune action en territoire civil : c'est là cependant que l'on crie le plus fort. Si on allait aux voix dans les territoires militaires, on trouverait au contraire plus de reconnaissance envers les chefs de l'armée que de rancune. Comme il arrive souvent, ceux qui déclament le plus haut ne sont pas les plus intéressés.

Il ne faudrait pas juger le rôle de l'armée en Algérie d'après ce qu'on voit en France. La monotonie et l'ennui de la vie de garnison n'existent pas en Algérie pour les soldats; les officiers et sous-officiers ne sont pas soumis à l'influence délétère du café et de l'estaminet. L'armée n'est jamais inactive. Lorsqu'elle ne prend pas les armes pour réprimer les troubles, pour parcourir le pays et y affermir notre domination, elle devient une force productive. Elle travaille sans cesse. Ici, elle trace des routes; là, elle bâtit des édifices et aide à tous les travaux d'utilité publique; au moment des récoltes, elle fournit aux colons des moissonneurs pour hâter cette opération si importante dans les pays chauds. Tout récemment elle a exécuté les terrassements du premier tronçon de chemin de fer qui sera mis en exploitation. Dans les territoires militaires, le général commandant la division remplit les fonctions de préfet; le commandant de la subdivision celles de sous-préfet, et le commandant de cercle celles de commissaire civil. Les conseils de guerre jugent les crimes et les délits commis par les indigènes, quand il n'y a pas de tribunal français. L'intendance militaire ordonnance les dépenses et tient la comptabilité de toute l'administration civile et indigène; le payeur participe aux attributions du receveur général. Les officiers du génie et de l'artillerie sont chargés des travaux confiés aux ponts et chaussées dans les territoires civils. Les commandants de place remplissent les fonctions de juge de paix, de commissaire de police, dans les postes où l'autorité civile n'est pas encore installée.

L'armée d'Algérie est un foyer d'activité, de lumières, d'études, qui honorent le drapeau au moins autant que son courage et sa persévérance contre le climat et les fatigues. Les officiers ont été les premiers à apprendre la langue arabe; ils ont publié des travaux importants sur l'histoire du pays, sur les mœurs, sur l'archéologie. L'Académie des inscriptions et belles-lettres vient de décerner le grand prix de linguistique à M. le commandant Hanoteau, placé à la tête du cercle de Dra-el-Mizan pour la rédaction de la grammaire de la langue tamachek, dont les caractères, gravés pour la première fois, étaient à peine connus des savants européens. L'armée a créé les premières fermes-modèles; elle a construit les premiers barrages, foré les puits artésiens. Les hommes de mérite abondent dans son sein, et elle s'est toujours montrée à la hauteur de la tâche dont elle a été chargée, soit qu'il s'agit de conquérir le pays, de protéger les colons ou d'administrer les indigènes. Enfin, nous croyons qu'il faut noter comme une considération importante que l'administration des territoires confiée à l'armée impose beaucoup moins de charges au trésor que le régime des territoires civils. Les fonctions de préfet, de sous-préfet, de commissaire civil, sont remplies gratuitement par les officiers; la justice rendue par les conseils de guerre n'entraîne pas d'autres dépenses que celles des prisons.

Qu'oppose-t-on à ces brillants services? Les exagérations de zèle de quelques jeunes officiers? quelques exemples de rigueurs excessives contre les ennemis de notre domination? l'oubli de quelques formalités légales dont on tire plus souvent parti pour le mal que pour le bien? quelques indignes au milieu de cette légion innombrable d'hommes dévoués à la France et pour qui l'honneur et la probité ne sont pas de vains mots? trop de sollicitude pour les indigènes? En vérité, il vaut mieux ne pas répondre à ces récriminations injustes, mesquines, ingrates; l'armée a dédaigné ces accusations, et sa seule vengeance a consisté à augmenter chaque jour la somme de son dévouement et de ses services. Nous ne pouvons nous empêcher de consigner ici une observation. Ceux qui ont combattu les indigènes, dont le sang a coulé sur tant de points, qui ont bravé les privations de toutes sortes et les maladies, aiment et protègent leurs ennemis de la veille; tandis que ceux qui sont arrivés pour recueillir les fruits de la victoire confondent dans leurs rancunes les vainqueurs et les vaincus. Ils ont hâte d'être maîtres de la scène. D'un autre côté, les indigènes préfèrent l'autorité militaire qu'on accuse de

les violenter, de les opprimer, aux belles promesses
d'institutions civiles.

Ces faits offrent encore une moralité importante :
l'armée a développé ses facultés en Algérie ; elle y a
rendu des services qu'elle ne rend pas en France ;
elle a profité intellectuellement et moralement de son
séjour dans le pays ; au contact de l'individualité si
énergique des indigènes, chaque soldat a gagné un
sentiment plus vif de sa valeur personnelle. La guerre
d'Italie vient de le prouver d'une manière glorieuse.
C'est l'Algérie qui a fait les zouaves. Oserions-nous
faire le bilan de ceux qui se présentent comme les
héritiers empressés de l'armée ? Il existe des autorités civiles dans la colonie depuis 1830, et des territoires civils depuis 1845. Quelles forces l'administration métropolitaine a-t-elle tirées de ceux qui la
représentaient vis-à-vis des musulmans ?

Faut-il conclure que nous voulions exclure les
autorités civiles de l'Algérie et laisser à toujours les
indigènes sous le régime militaire ? Telle n'est pas notre
pensée. Quoi qu'aient pu avancer quelques esprits
chagrins, l'autorité militaire est peu jalouse du soin
d'administrer la population européenne. Partout où
les intérêts civils ont une réelle importance, l'armée
se montre empressée d'appeler les autorités civiles
pour se décharger des difficultés de toutes sortes que
ses bonnes intentions ne parviennent pas à surmon-

ter. L'autorité militaire ne revendique son action que dans les territoires militaires où elle est responsable du maintien de la tranquillité, où les indigènes sont encore organisés en tribu et où un régime exceptionnel est indispensable pour garantir la paix publique. Dans ces territoires mêmes, on applique, autant que possible, les lois et les institutions de la mère patrie. Tant que les indigènes ne pourront être soumis au droit commun, les autorités militaires seront plus aptes à les faire progresser et à les initier à notre civilisation.

A entendre certains adversaires, on supposerait qu'à leurs yeux un militaire est à peine un Français, qu'il appartient à une caste qui n'a ni les mêmes principes sociaux ni les mêmes lois civiles que les autres citoyens. La composition de notre armée, la manière dont elle se recrute, devraient nous mettre à l'abri de semblables préventions. La France est aussi bien avec son armée qu'avec ses magistrats et ses administrateurs; si elle juge utile de déléguer, dans des circonstances exceptionnelles, des pouvoirs et des devoirs plus étendus aux chefs militaires, personne ne peut prétendre que l'esprit, l'honneur, l'intérêt et la gloire du pays seront moins bien représentés que par tout autre agent civil ou judiciaire. Les indigènes ne soupirent pas après l'arsenal si compliqué de nos lois; ils veulent seulement que notre équité et notre bienveillance règlent leurs affaires.

Ainsi donc, l'Algérie sera partagée en deux territoires. Lorsque la population européenne offre une
certaine densité, qu'elle a pris possession du sol par
le travail et par le développement de ses intérêts
agricoles, industriels ou commerciaux, le pays doit
recevoir la même organisation que la métropole :
mêmes divisions territoriales, mêmes institutions,
mêmes fonctionnaires, mêmes charges et mêmes
droits ; fusion des deux races dans l'égalité civique,
liberté des cultes, exceptions ou transactions néces-
sitées par le caractère civil et religieux de la loi musulmane ; tolérance pour les mœurs en s'efforçant de
les fondre de plus en plus dans notre civilisation (1).
Dans la zone où les musulmans sont en majorité et
où notre civilisation n'a pas encore jeté des racines
assez profondes, c'est l'armée qui doit appliquer les
institutions françaises dans la mesure du possible et
préparer les indigènes à passer en territoire civil.
Ici le droit commun, là une sorte d'état de siége social au profit de la civilisation.

En résumé, le mouvement civilisateur a été commencé par l'armée ; les résultats acquis prouvent

(1) A ce point de vue, on peut dire que les récentes extensions des territoires civils à Alger et à Constantine sont des anomalies. Il n'y a pas de
raisons de soustraire une tribu à l'autorité militaire, pour la placer sous
l'autorité civile, sans rien modifier de son organisation. Le territoire civil
doit contenir des communes et non des tribus. Si vous ne pouviez pas
désagréger les tribus pour les annexer aux communes européennes envi-
ronnantes, il fallait les laisser au territoire militaire.

qu'elle l'a dirigé avec intelligence et avec succès ;
c'est à elle qu'il appartient de le continuer : c'est le
vœu des indigènes, ce sera l'intérêt bien entendu de
la France.

En terminant ce travail, qu'on nous permette de signaler quelques points qui nous paraissent mériter
une sollicitude particulière pour consolider et développer la régénération de nos musulmans algériens.
— Etablissement ou régularisation des registres de l'é-
tat civil dans les tribus ; pour les territoires civils, la
publication du vocabulaire des noms arabes devient
chaque jour plus urgente. — Création de consistoires
pour le culte musulman et règlement des conditions
d'admission dans les fonctions du culte. — Respect par
nos tribunaux de la loi musulmane dans les causes
entre musulmans ; convocation plus fréquente du conseil de jurisprudence, afin d'arriver à des conciliations, s'il est possible, entre les deux lois, et de tirer
des commentaires du Koran les versions les plus favorables à un rapprochement ; fixation de conditions
d'admission dans la magistrature indigène.— Surveillance et direction des écoles primaires ; perfectionnement et propagation des écoles normales arabes-
françaises pour les filles et les garçons ; développement du collége arabe-français ; chaque province devrait posséder un établissement semblable ; préserver
ces écoles de l'absorption universitaire. Ménagements

à garder vis-à-vis des écoles supérieures musulmanes ;
l'enseignement des sciences françaises avant celui
de notre langue ; le kadhi, l'instituteur, l'imam et le
cheikh, dans chaque tribu, voilà le faisceau des autorités municipales. — Création d'écoles d'arts et métiers
pour les indigènes. — Fixer l'organisation des djemaa
des tribus, qui sont le germe des conseils communaux ;
que les membres soient désignés par l'administration
française et que le kaïd soit obligé de s'appuyer de
leur concours dans les actes principaux de son emploi.
— Rétribuer par un traitement fixe les fonctionnaires
de tout ordre.—Etablir le même impôt pour toute l'Algérie , et arriver partout aux cotes individuelles ; ré-
partir avec une impartiale équité les centimes additionnels, en attendant que les contribuables puissent
contrôler eux-mêmes l'emploi de ces fonds ; appliquer
aux besoins des indigènes les sommes qu'ils payent à
cet effet, et demander aux Européens des centimes
additionnels pour leurs besoins spéciaux.—Faire une
représentation plus large aux intérêts indigènes dans
les conseils généraux et dans les conseils municipaux.
—Créer des infirmeries indigènes dans les cercles où il
n'existe pas d'hôpital , leur donner des salles particulières dans les établissements hospitaliers déjà créés.
— Attacher à chaque bureau arabe un médecin pour
donner des soins aux tribus. — Organiser l'assistance
publique pour les tribus.—Fonder des sociétés de se-

cours mutuels et des associations charitables, ce sera peut-être le moyen le plus efficace de combattre l'influence des confréries de Khouan. — Multiplier les impressions de textes arabes et faire rédiger à l'usage des indigènes des petits traités élémentaires. — Créer des fermes-modèles dans les tribus ; poursuivre les heureux essais tentés pour l'amélioration des races chevaline et ovine ; s'occuper aussi de la race bovine. — Application des institutions de crédit agricole aux tribus qui sont dévorées par l'usure (1) ; organiser des pénitentiers agricoles et industriels pour les condamnés indigènes.

Les aptitudes de chaque race devront être étudiées pour diriger nos efforts. Le travail doit être notre auxiliaire le plus puissant pour attirer à nous les indigènes. Les Kabyles fourniront la main-d'œuvre pour l'industrie ; les Berbères des plaines seront utilisés pour l'élève des bestiaux et pour la grande culture ; les Arabes qui resteront nomades serviront d'intermédiaires pour le commerce avec l'Afrique centrale (2).

(1) L'usure ronge, dans les proportions les plus désastreuses, les tribus des subdivisions d'Aumale, de Médéah, de Milianah, de Mascara et de Sidi-bel-Abbès. Les indigènes empruntent à 72 et 80 p. %, et payent en intérêts des sommes supérieures à l'impôt perçu par l'Etat. On cite un prêt de 1,200 francs qui a produit au créancier, après un an, une somme de 15,000 francs. Un autre emprunteur a touché 40,000 francs, et après avoir remboursé, en douze mois, plus de 60,000 francs, se trouve encore débiteur de 187,000 francs.

(2) On s'est fait beaucoup d'illusions sur le commerce avec l'Afrique centrale. Il n'est pas douteux qu'il n'y ait là un marché très-important à

L'armée industrielle devra avoir une organisation analogue à celle de l'armée militante : les indigènes soldats, ouvriers, et les Français officiers, chefs d'atelier. Lorsque Français et indigènes travailleront sur les mêmes chantiers, les antipathies disparaîtront bientôt ; l'association des intérêts amènera la fusion des familles. Il faut agir sur les jeunes générations par l'instruction publique , sur les hommes faits par le travail. Les grandes compagnies françaises faciliteront l'œuvre de civilisation , parce que les rapports entre les deux races seront mieux surveillés. Si ces relations sont bienveillantes de notre part , les indigènes profiteront beaucoup du contact ; si nous nous montrions violents et brusques , si nous n'avions pas des ménagements pour la fierté des Kabyles et des Arabes qui est très-grande, nous ne ferions qu'aviver les haines et préparer des représailles. On peut être convaincu que la plupart des assassinats qui sont commis sur les Européens dans les tribus ne sont que des vengeances pour des injures ou de mauvais traitements subis dans les villes.

---

ouvrir à l'industrie européenne ; mais cinq cents lieues de désert à traverser sont un mauvais chemin pour y arriver. Les grands fleuves de la côte occidentale sont les véritables routes commerciales pour pénétrer au cœur de l'Afrique. Les Anglais, qui sont déjà maîtres de la route du Fezzan au nord, ne cessent d'encourager des explorations pour conquérir la voie des fleuves. Les Américains se sont avancés très-loin sur le Niger. Notre route du Sahara aura, sans aucun doute, une importance politique ; mais elle ne sera jamais qu'une pauvre voie de communication pour le commerce.

Il faut que notre attention soit éveillée sur un grand fait auquel on ne pense pas assez. L'article 9 du Code Napoléon stipule que l'individu né sur une terre française de parents étrangers peut, dans l'année de sa majorité, réclamer les droits de citoyen français, et sa déclaration devant le maire de sa commune suffit pour lui donner la grande naturalisation. Nous en avons vu récemment un exemple. Un jeune Arabe, élevé au lycée français d'Alger, avait été autorisé à suivre les cours de l'école militaire de Saint-Cyr. A la fin de ses études, il subit un examen et fut nommé sous-lieutenant dans un régiment de spahis, au titre indigène. Mais en arrivant en Algérie, il se présenta devant le maire de la commune où il était né, et réclama sa naturalisation : elle ne put lui être refusée. Alors, il sollicita son admission dans l'armée au titre français, et le ministre de la guerre lui donna une commission d'officier dans un des régiments de chasseurs d'Afrique. D'autres jeunes indigènes pourront faire de même et revendiquer leur admission dans d'autres branches des services publics où la qualité de Français est exigée.

Mais le Code Napoléon a été complété par la loi du 7 février 1851, dont l'article 1er a décidé qu'à la seconde génération, si le fils et petit-fils d'étranger veut conserver la nationalité de ses ascendants, il doit en faire la déclaration, dans l'année de sa majorité,

devant le maire de la commune où il est né. Faute
par lui d'avoir fait cette déclaration , il est considéré
comme Français et soumis à la conscription. Combien
d'indigènes se trouveront dans une dizaine d'années
citoyens français de par la loi du 7 février ! Ce ne
sera ni un mal, ni un danger ; mais il vaut la peine
qu'on s'en préoccupe, et on ferait sagement de de-
vancer cette introduction de fait dans la nationalité
française par une loi sur la naturalisation des étrangers et des indigènes en Algérie.

TABLE DES MATIÈRES

CHAPITRE IV.

PARIS. — IMPRIMERIE RENOU ET MAULDE, RUE DE RIVOLI. 144. 00000

Contraste insuffisant

NF Z 43-120-14

www.ingramcontent.com/pod-product-compliance
Lightning Source LLC
Chambersburg PA
CBHW052059090426
42739CB00010B/2241